AF277701

Albania

ANAYA
TOURING

Autor: **Francisco Sánchez**
Colaborador: **Younes Mahjoure**

Responsable de proyecto: **David Lozano**
Edición y Maquetación: **Edipratt**
Cartografía: **Geomedia Edicions**
Producción: **Juan José Rodriguez, Olga Hernando** y **Antonio Mellado**
Diseño de la coleccción: **marivies**

Procedencia de las fotografías:

Todas las fotografías del autor excepto: **Dreamstime**: Ruletkka, cubierta sup.; Yuriy Brykaylo, cubierta inf. **Suttherstock**: Netdrimeny, 2; trabantos, 6; Andrew Mayovskyy, 8-9; imdat akgun, 17; Lenar Musin, 19; arda savasciogullari, 20; Arnaoutis Christos, 21; Zvonimir Atletic, 23; Christian Wittmann, 24 ;BearFotos, 27; MehmetO, 28; Andrew Mayovskyy, 30-31; Fredy Thuerig, 34; Andrii Marushchynets, 35; Unai Huizi Photography, 42-43; EvisDisha, 46; Robson90, 48; posztos, 49; Kirill Neiezhmakov, 50; Robson90, 51; trabantos, 54-55, 57, 59; saxanad, 61; Katsiuba Volha, 62 sup.; Andrea Chiozzi, 62 inf; Dominic Dudley, 63; Sergio Delle Vedove, 64; PaulSat, 67; trabantos, 68-69, 70, 72 izq.; Andocs, 72 dcha.; oksana.perkins, 77; Dziorek Rafal, 78; Ruslan Harutyunov, 79; Mark Jelli, 80; Benny Marty, 81; BalkansCat, 85; Jeroen Mikkers, 87; saxanad, 90-91, 96; trabantos, 100; RossHelen, 102; Pecold, 103; Zdenek Matyas Photography, 104; Frank Bach, 105; Andrew Mayovskyy, 107; Cortyn, 108-109; ergyl_t, 111; Creative Travel Projects, 112; illpaxphotomatic, 114; Jana Janina, 117; helloRuby, 118; upslim, 119; Zdenek Matyas Photography, 120; Martin Mecnarowski, 125; AlDigital On, 130; Creative Travel Projects, 132; Andrew Mayovskyy, desplegable.

1ª edición, 2024

© Grupo Anaya, S. A., 2024
   Valentín Beato, 21. 28037, Madrid
   www.guiasdeviajeanaya.es

Depósito legal: M-02.245-2024
ISBN: 978-84-9158-817-7
Impreso en España-Printed in Spain

PAPEL DE FIBRA
CERTIFICADO

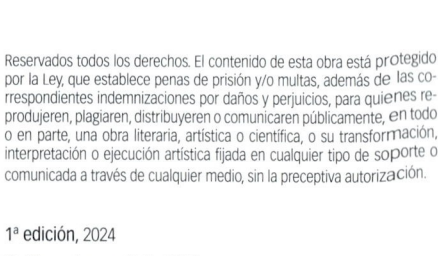

La información contenida en esta guía ha sido cuidadosamente comprobada antes de su publicación. No obstante, dada la naturaleza variable de los datos, recomendamos su verificación antes de salir.

Contenido

Presentación

Cómo usar esta guía

Esta **Guiarama** de **Albania** se divide en cinco secciones que abarcan los aspectos más importantes de la visita al país.

Una mirada a Albania, páginas 6-23

Presentación
Perfil de Albania
No hay que perderse
Un poco de historia
Naturaleza y paisaje
Perfil sociopolítico
Personajes famosos

La esencia de Tirana

Diez lugares inolvidables, páginas 24-45

La elección del autor de los diez lugares más atractivos del país, todos con información práctica.

Visita a Albania, páginas 46-131

Se divide el país en cinco zonas, cada una con una introducción y listado de los lugares más interesantes.
Información práctica
Breves notas "¿Sabías que...?"
Excursiones a Kosovo y Macedonia del Norte

Dónde ..., páginas 132-141

Información detallada sobre restaurantes, alojamiento, compras, niños y ocio.

Ciudadela de Gjirokastra

9

Información práctica, páginas 142-148

Toda la información necesaria para el viajero presentada de forma visual.

Mapas y planos

Todas las referencias lo son a los mapas y planos que se incluyen en la guía. Por ejemplo, Torre del Reloj va seguida de la referencia ⏱ 52-53 que indica la página en la que se encuentra el plano.
La lista de mapas y planos utilizados en esta guía se encuentra en el índice (pág. 151).

Precios

El precio aproximado de los establecimientos se indicará mediante los signos:

C caro, **M** moderado y **E** económico.

Clasificación por estrellas

La mayoría de los lugares descritos en el libro se han clasificado por su grado de interés como sigue:

★★★   Visita obligada
★★   Muy interesante
★   Interesante

Símbolos utilizados

A lo largo de la guía se han utilizado símbolos sencillos y claros para indicar las siguientes categorías:

- �@ referencia a los planos del final de la guía
- ✉ dirección o localización
- ☎ número de teléfono
- 🕐 horario
- 🍴 restaurante o café
- 🚇 estación de metro más cercana
- 🚌 rutas de autobús o tranvía
- 🚆 estación de tren más cercana
- ⛴ ferry más cercano
- ✈ aeropuerto
- ℹ información turística
- ♿ servicios para discapacitados
- 🎟 precio de la entrada
- ✚ otros lugares de interés cercanos
- 🛈 más información práctica
- 🌐 web

Una **mirada** a **Albania**

Presentación

Entre los Balcanes y el Mediterráneo Albania es uno de los países más desconocidos del continente europeo y por tanto de los más auténticos para los viajeros que todavía buscan nuevas experiencias y destinos no masificados. Un verdadero secreto muy bien guardado.

El "país de las águilas", como así se le conoce, es un territorio que en la etapa comunista estuvo vetado al turismo durante muchos años, pero después tampoco ha resultado atractivo como destino turístico por su pobreza económica y subdesarrollo. Esto lo ha mantenido virgen en comparación a destinos cercanos como Croacia o Grecia.

Albania es un pequeño país muy diverso a nivel de paisajes y escenarios naturales. Su territorio eminentemente montañoso ofrece espacios espectaculares poco impactados por la actividad humana desde los Alpes Dináricos, al norte, hasta el desconocido Epiro, al sur. Albania se abre de norte a sur con espectaculares valles donde los ríos parecen

▼ Puente Pista e Re en el paseo peatonal del puerto de Durrës, cerca de Tirana.

recorrer el territorio de una manera caprichosa. El paisaje agrícola sigue siendo uno de los más vivos, pintorescos y diversos de Europa. Las costas, todavía con poco impacto ambiental, ofrecen un litoral con numerosos espacios naturales que van desde los arenales y extensas desembocaduras fluviales de la mitad norte, a los litorales más accidentados del sur, en los que vive una de las minorías nacionales de Albania: la griega.

Albania es un país de encrucijadas, pero con una fuerte identidad nacional, siendo uno de los lugares más occidentales de Europa donde todavía conviven en armonía el islam y el cristianismo en sus diferentes creencias. Independientemente en Albania cohabitan múltiples minorías, sobre todo en el sur y junto a sus grandes lagos como el Ohrid y el Prespa, otro de los grandes atractivos de este acogedor y novedoso destino. Con toda seguridad este peculiar país siempre quedará en el recuerdo del viajero.

Perfil de Albania

▲ Alpes Dináricos,
en el norte de Albania.

Geografía

Albania es una franja montañosa enclavada en pleno Mediterráneo entre la costa adriática e Italia y la jónica y Grecia. Es un país de los convulsos Balcanes que limita con Montenegro y Kosovo (por ende Serbia) al norte, Macedonia del Norte al este y Grecia al sur. El canal de Otranto lo separa en pocos kilómetros de Italia y Corfú (Grecia), que se observa a escasa distancia de la costa sur de Albania. El nombre latino *albo* de *Squipëria* (nombre oficial) nos indica el color blanco que impregna buena parte del año a los Alpes Dináricos que ocupan el norte de Albania. Más de un 70 % del territorio albanés es montañoso que, junto a sus numerosos lagos y caudalosos ríos hacen de este pequeño país uno de los más biodiversos del continente europeo.

División territorial

Después de la simplificación administrativa llevada a cabo en la República de Albania (*Republika e Shqipërisë*) en 2015, el país se divide en 12 prefecturas (condados), 36 distritos y 309 municipios. Albania está en proceso de adhesión a la UE y tiene como moneda el lek (*ALL*), aunque el euro es también una moneda de uso común en zonas turísticas y principales ciudades. Tirana (*Tiranë*) es la capital y se halla en el centro del país siendo una urbe en actual expansión, remodelación y modernización. Con cerca de 600.000 habitantes es una de las principales ciudades de los Balcanes y en su municipio de unos 40 km^2 se concentra cerca del 25 % de la población del país.

▼ Fiesta con trajes típicos
en el castillo de Berat.

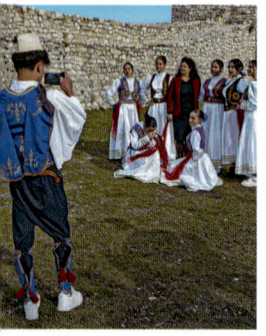

Población

La superficie de Albania es de 28.748 km^2 (algo menor que Galicia o Cataluña) y tiene una población, que ha decrecido en los últimos años, de cerca de 2.800.000 habitantes. La diáspora albanesa es considerable y un porcentaje importante de la población vive en otros estados de Europa como Italia, Alemania o Grecia, o en los propios EE UU y Canadá. Más del 80 % de la población es etnoculturalmente albanesa, existiendo minorías principalmente griega, pero también valacos, romis, eslavos, búlgaros, montenegrinos y goranis. Los albaneses que viven fuera de las fronteras del actual estado son mayoría en la vecina Kosovo e importante minoría en Macedonia del Norte. Es uno de los países más jóvenes de Europa y las religiones mayoritarias son la musulmana sunnita y la cristiana (ortodoxa y católica romana principalmente). El albanés con sus variantes tosco (en el sur) y guego (en el norte y buena parte de Kosovo) es el idioma oficial, aunque se reconocen otros minoritarios como el griego, el eslavo-macedonio, y el arumano (valaco). El italiano como el inglés son idiomas también utilizados y comprendidos en áreas turísticas.

Economía

Se trata de uno de los estados más pobres de Europa aunque se observa un crecimiento importante constatable en las comunicaciones, las infraestructuras de las principales ciudades y el desarrollo de los centros turísticos litorales. El sector agrario (ganadería, cultivo de tabaco, cereales, algodón, olivo, vid, melones, pepinos, tomates, cítricos…) y minero (yacimientos de petróleo) es importante. Las remesas de los emigrantes (casi un millón y medio) representan un 10 % del PIB.

La bandera albanesa

Omnipresente es la bandera roja con un águila bicéfala, una de las más antiguas de Europa. Tiene su origen en la revuelta contra la ocupación turca encabezada en el siglo XVI por el héroe nacional Gjergj Kastriota o más conocido como Skanderbeg. Se izó con motivo de la independencia como estado moderno en 1912. Con el régimen comunista (15 de marzo de 1946) se incluyó una estrella ribeteada en amarillo de cinco brazos sobre el águila bicéfala. La Albania democrática retomaría la original, sin la estrella, en abril de 1992.

Clima

El clima es mediterráneo con influencias continentales derivadas esencialmente de ser un territorio muy accidentado y montañoso. En la costa los veranos son muy calurosos y soleados y los inviernos particularmente suaves y húmedos. El interior tiene temperaturas más extremas con inviernos fríos y nieblas en los valles y veranos con considerable amplitud térmica. Las épocas más idóneas para disfrutar el país son en primavera y otoño, así como en septiembre. Los meses de julio y agosto son muy calurosos y las zonas turísticas se masifican con la llegada de turistas y emigrantes de la diáspora. Es un momento ideal para disfrutar de conciertos y fiestas en las ciudades, pero también para practicar ecoturismo y senderismo en las montañas.

El origen de los nombres en Albania

Curiosamente el origen de los topónimos albaneses hay que encontrarlos en el Próximo y Medio Oriente. Albania viene de la tribu *albani* que vivía en el Cáucaso: Azerbaiyán y Georgia. Todavía los territorios de allá conservan el nombre Albania e Iberia. Después, posiblemente por emigración, serían la tribu iliria *albanoi* como así conocía a este territorio el geógrafo Ptolomeo. Al formar parte del imperio otomano, zonas de colonización en Europa adaptarían nombres originarios de oriente: por ejemplo, Teherán (Tirana), Berat (Beirut), Shkodra (Üskudar, Turquía)…, pero se trata de teorías discutidas.

No hay que perderse…

Estos son algunos consejos y sugerencias para sacar el máximo provecho de nuestra visita a Albania.

▲ La cocina albanesa tiene un fuerte componente mediterráneo.

❙ Saborear la deliciosa y variada gastronomía. Los productos locales proceden de una economía con una base agraria, es por eso que Albania tiene excelentes carnes principalmente ovinas, pesca, así como frutas y hortalizas con las que se elabora una exquisita cocina local con influencias otomanas y esencia netamente mediterránea. Un café o una copita de raki "el agua altamente graduada" siempre es ofrecido siguiendo la norma hospitalaria albanesa.

❙ Subir a alguna fortaleza albanesa. Las enormes fortalezas o ciudadelas albanesas de origen otomano y modificación veneciana son grandes ciudades amuralladas ubicadas en estratégicos cerros que parecen un nido ideal para las águilas que observan el territorio: Shkodra, Lezha, Kruja, Berat o Gjirokastra son excelentes miradores al bello paisaje albanés.

❙ Pasear por la historia. Aunque el régimen comunista acabó con buena parte del legado religioso, Albania conserva ciudades únicas como Berat y Gjrokastra, ciudades museo que sumergen al visitante en un mundo de reminiscencias otomanas. Otras ciudades más antiguas como Butrinto y Apolonia transportan al visitante a tiempos más remotos, la época de los ilirios, el pueblo del que los albaneses se consideran herederos.

❙ De excursión por los Alpes Dináricos. Los Alpes Dináricos o Albaneses son espacios naturales donde la naturaleza impera e impresiona. Realizar una excursión por sus bosques encantados observando un variado paisaje, una rica flora y fauna, así como abundancia de agua, resultará un regalo para

▼ Barcas de pescadores en el lago Prespa.

el alma. Una excursión fluvial por el lago Koman supone sumergirse en el encanto rural alpino albanés.

❙ Rememorar el oscuro pasado comunista. Es fácil encontrar todavía en Albania restos del legado comunista, cuando el pequeño país estuvo totalmente aislado y fue ateo por definición. Figuras alegóricas al comunismo y a los partisanos están todavía presentes y sobre todo los búnkers que rodean cualquier perímetro geográfico a defender. No hay que olvidar visitar los Bunk art o la Casa de las Hojas Tirana para comprender la tiranía y obsesión del demonizado régimen de E. Hoxha.

❙ Disfrutar de las costas mediterráneas. El sur tiene unas playas de finísima arena y aguas turquesas únicas en el Mediterráneo. Eso se debe por una contaminación mínima y un bajo impacto urbanístico del litoral que ya empieza a dar los primeros síntomas de especulación.

❙ Ir a un espectáculo folclórico. La cultura e identidad albanesa es muy fuerte y trasciende a la religión o lengua practicada. Marcado es su folclore fácilmente observable en celebraciones espontáneas o en lugares preparados esencialmente para recibir al local pero también al forastero. En la zona de minoría griega es normal disfrutar del folclore y la tradición del Epiro helénico. Otras minorías más remotas como los goranis o los arumanos también conservan sus tradiciones.

❙ Contemplar los paisajes lagunares. Albania es uno de los países de Europa dónde porcentualmente hay más superficie de lagos y ríos. El lago Shkodra, al norte, el de Karavasta en el litoral centro o los enormes lagos Ohrid y Prespa, en el oriente son buenos ejemplos para disfrutar de estos poco impactados entornos naturales.

❙ Disfrutar de la noche en Tirana. La capital albanesa se está convirtiendo en un lugar de atracción para la juventud europea por su noche alternativa y desenfrenada, algo más económica que en otras capitales europeas. El barrio de Blloku donde antes se recluían los líderes comunistas ahora es reclusión de un capitalismo desenfrenado.

❙ Perderse por un bazar. Albania es un país muy exótico y así lo demuestran los minaretes de mezquitas que despuntan en los más variados paisajes. De la herencia otomana son los bazar o *pazar*, siendo los más conocidos los de Kruja y Korça, ya algo desdibujados, pero donde poder adquirir productos tradicionales albaneses.

▲ Playa de Ksamil, en el sur de Albania.

▼ Venta de productos tradicionales en el bazar de la localidad de Kruja.

Un poco de historia

▲ Decoración romana en las ruinas de Apolonia.

Paleolítico Restos de asentamientos humanos en el Monte Dajti cerca de Tirana y Xarrë en las proximidades de Saranda.

Neolítico Diversos pueblos de pastores se desarrollan al sur de la actual Albania.

VI - III a. C. Colonización griega de la costa sur de Albania. Diversos reinos ilirios se desarrollan en territorio albanés a partir del siglo v a.C. El más importante es el de Shkodra, al norte, que llegará a expandirse hasta Corfú.

168 a. C. Comienza el dominio romano del territorio. Por aquí pasará la Vía Egnatia que conectaba Roma con las provincias orientales y Constantinopla.

395 Filipino de Macedonia derrota a los Ilirios. El territorio es administrado por el imperio romano y bizantino.

S. VI y VII Sucesivas invasiones bárbaras (godos) y eslavas.

1019 Restablecimiento temporal del poder de Bizancio tras invasiones y guerras contra los búlgaros.

1190 Nace el primer principado de Albania reagrupado alrededor de su primera capital Kruja. Se establecen las primeras relaciones con Venecia y la dinastía Anjou de Nápoles. Carlos I de Anjou detenta por poco tiempo el reinado de Albania.

1204 En el Epiro, al sur, se crea un reino que desaparece en 1358.

1389 Batalla de *Kosovo Polje* donde serbios y albaneses caen ante el invasor otomano.

S. XIV-XV Administración otomana. Entre 1443 y 1468, con la denominada Liga de Lezha capitaneada por los venecianos, comienza la epopeya de Skanderbeg contra los otomanos. En 1478 cae Kruja donde vive la familia Skanderbeg. Diez años antes muere el héroe albanés.

S. XV-XIX Albania es ocupada por los otomanos que islamizan el territorio administrado en 7 *sandjaks* y dirigido por señores locales o *pachás*. El norte y algunos puertos como el de Durrës estuvieron esencialmente bajo influencia de repúblicas como la Senerenísima de Venecia.

1819 En el corazón de Albania Ali Pachá Tepelena declara la independencia hacia el imperio otomano. Empieza a forjarse una consciencia nacional albanesa.

1878 El Congreso de Berlín consagra la repartición de Albania entre los estados vecinos. En respuesta a esto se crea la Liga de Prizren (actual Kosovo) impulsada por Abdyl Frashëri que proclama un gobierno provisional. En 1881 la armada turca acaba con la resistencia albanesa.

1908 Gjirokastra ve nacer a Enver Hoxha, futuro luchador partisano y dictador comunista. Dos años después se da una insurrección contra los turcos.

1912 Independencia de Albania y su proclamación el 21 de noviembre por Ismaïl Qemal en la ciudad portuaria de Vlora. En Albania conviven durante dos años un principado en Vlora dirigido por Quemal y bendecido por el Tratado de Londres y una república que ejercerá jurisdicción en el centro del país desde Durrës dirigida por Essad Pachá.

1912-1913 Guerra balcánica entre Montenegro, Bulgaria, Grecia y Serbia contra los turcos, parte de ella en territorio albanés.

1914-1928 Principado de Albania apoyado por los británicos y que en 1925 recayó en Ahmed Zogu I como presidente y, tres años después, como rey de Albania.

1939 Primera ocupación italiana. Se traslada la capital de Durrës a Tirana. En una conferencia de embajadores de R.U., Francia, Yugoslavia e Italia se establecen las fronteras de la actual Albania que no coinciden con su mayor ámbito etnolingüístico. Víctor Manuel III se proclama rey de Albania.

1945 Guerra contra la ocupación nazi y colaboracionistas albaneses, en la que los comunistas se alzan con el poder. Albania se convierte en república socialista dirigida por E. Hoxha. Se depone la monarquía de Zogu I que muere exiliado en 1961.

1948 Las buenas relaciones entre Albania y el régimen de Tito en Yugoslavia se rompen tras el distanciamiento entre este país y la Unión Soviética de Stalin.

▌ Albania y la UE

La entrada en la UE de Albania fue vetada por Francia en 2009. La opción para conseguirlo pasa por crear una miniasociación económica que agrupe a Macedonia del Norte, Serbia y Albania. A finales de 2023, la UE realizó un informe dónde valoraba positivamente las reformas del sistema judicial y la administración pública, lucha contra la corrupción y delicuencia organizada. Igualmente celebró la resilencia y mejora de la economía albanesa gracias entre otros temas a sectores cómo la construcción y el turismo.

▼ Monumento a los partisanos de la época comunista.

▲ Ocupación del barco Vlora en el puerto de Durrës (1991).

1968 Albania abandona el Pacto de Varsovia, con una clara tendencia al aislacionismo y al ateísmo que se proclama oficialmente un año antes. Acercamiento político a la República Popular China.

1976 Tras la muerte de Mao Zedong las relaciones entre China y Albania colapsan. China fue el gran inversor, por ejemplo, en el macrocomplejo siderometalúrgico de Elbasan.

1981 Purgas y ejecuciones de numerosos miembros del partido. El segundo hombre fuerte, el primer ministro Mehmet Shehu (1913-1981), opuesto al aislacionismo de Hoxha, según la versión oficial, se suicida.

1985 Muere Enver Hoxha que es sustituido como primer secretario del partido del trabajo de Albania por Ramiz Alia (1925-2011).

1991 Se derriba la gran estatua de Enver Hoxha en el centro de Tirana. Primeras elecciones multipartidistas denunciadas por irregularidades y donde gana el PTA (Partido del Trabajo de Albania) reconvertido en Partido Socialista (PSSH). Dimisión de Fatos Nano, su líder. En agosto se ocupa el buque Vlora en el puerto de Durrës en lo que será un éxodo masivo de albaneses al vecino puerto de Brindisi en Italia.

1992 Gana las elecciones Sali Berisha (1944-) del partido democrático (PSD). Cuatro años más tarde es acusado de autoritarismo y de crear las sociedades piramidales que cuando cayeron endeudaron a buena parte de los albaneses.

1997 Comienza un período de anarquía con protestas contra la corrupción y la pobreza generalizada en el país derivada, en parte, del derrumbe del esquema financiero piramidal que prometía grandes intereses. En las elecciones gana el PSSH.

2008 Kosovo territorio ex yugoslavo de mayoría albanesa se declara independiente. Albania tuvo un papel importante en la acogida de refugiados y en el reconocimiento de la independencia kosovar. De hecho se trata de un mismo pueblo y dos estados.

2013 Edi Rama del Partido Socialista se convierte en primer ministro revalidando su mandato hasta la actualidad.

2018 Crísis política y protestas estudiantiles.

2019 Fuerte actividad sísmica en Macedonia del Norte y Albania (ya en 1851 un violento terremoto destruyó Vlora y buena parte del país). Esta vez el terremoto afecta especialmente a Durrës y causa numerosos daños materiales y más de 50 muertos.

2021 Las elecciones dieron nuevamente el triunfo al Partido Socialista con 74 escaños, seguido del Partido Democrático de Lulzim Basha con 59 escaños. Edi Rama vuelve a repetir mandato. La situación socioeconómica tendió a mejorar al igual que la seguridad ciudadana. Unido a esto el progreso en infraestructuras y crecimiento exponencial de los servicios hizo que el turismo despegase como un prometedor sector económico.

2023 El grupo balear Meliá se convierte en el mayor inversor hotelero de Albania con 7 hoteles, siendo el de Durrës el más grande del país.

2024 España reconoce el pasaporte de Kosovo, pero no su independencia, tampoco reconocida por ahora por otros miembros de la UE como Grecia o Rumanía. Edi Rama visita España y FITUR augurando el prometedor futuro turístico de Albania.

▼ TID Tower (2016), moderna construcción en el centro de Tirana.

Naturaleza y paisaje

Albania se halla a caballo entre la montañosa región balcánica y el Mediterráneo constituyendo el límite entre la costa Adriática y la Jónica. Se trata de un país muy accidentado atravesado por caudalosos ríos que en su desembocadura crean un paisaje lagunar, llanuras inundables y de grandes lenguas de arena. En total unos 470 km de costa que alterna este litoral bajo de la mitad norte con el más accidentado del sur, de la costa jónica. Destacan los lagos Shkodra, Ohrid y Prespa, compartidos con sus países vecinos. Buena parte de su territorio (un 20 %) está protegido bajo la figura de Parque Nacional (*Parkut Kombetar*).

Albania se halla a escasos kilómetros de las costas italianas separada unos 75 km por el canal de Otranto. Escasos kilómetros separan su costa de la griega isla de Corfú (a 2 km) y del archipiélago de Diapontia (islas de Erikussa, Othonoi, Mathraki, Akra). Es un estado de forma alargada (340 km de largo por unos 150 km de este a oeste) y especialmente montañoso, donde cerca de dos tercios de su territorio superan los 1.000 m.

La costa supone dos quintas partes del contorno fronterizo total de Albania, que comparte aguas marítimas y de lagos con Montenegro, Macedonia del Norte, Grecia e Italia. En la costa norte existen pocos accidentes geográficos destacando el cabo **Kepi i Rodonit**, uno de los espacios más sugerentes del litoral albanés, así como el plácido **Lago Shkodra** donde llega uno de los ríos más importantes del país, el **Drin**. Sobresalen importantes espacios de lagunas como el **P. N. Divjaka-Karavasta** o la **laguna de Narta** al norte de Vlora.

La mitad sur de su línea litoral es más accidentada y altas montañas se asoman al mar, como el **Parque Natural de Llogara**. La carretera antigua zigzaguea desde los 1.300 m. hasta el nivel del mar, en pocos kilómetros. Antes se hallan la **Península de Karaburun** y la **isla de Sazan** que conforman un parque nacional que marca el límite entre la costa Adriática, al norte de Vlora, y la costa Jónica, más recortada y con bellas y escondidas playas como la de **Gjipesë**. Al sur y tocando a Grecia se halla el **P. N. de Butrinto**, otro complejo de lagunas y zonas inundables ricas en flora y fauna.

Se distinguen tres áreas fisiográficas bien diferenciadas: una gran llanura natural en la mitad nor-

▼ Playa Drymades, en la Riviera Albanesa.

▲ Valle de Valbona.

te, una región montañosa que ocupa buena parte del norte y sur del país y un altiplano interior con grandes lagos que ocupa el corazón y centro del país. Una Suiza mediterránea es lo que evoca el paisaje de la mitad norte ocupado por los Alpes Dináricos. Un espectacular panorama con altitudes que superan los 2.700 m y donde se encuentran los parques naturales de **Thethi**, así como los bosques y el precioso **valle de Valbona**. Son paisajes jóvenes con importante erosión fluvial y glacial. Así lo demuestran los lagos glaciares del **P. N. Lura**, al sur de los Alpes. Separados por el altiplano de Mirdita, de tipo kárstico existen nuevos macizos montañosos donde se ubican los grandes **lagos Ohrid** y el **P. N. Prespa**. De norte a sur el pico de Korab (2.764 m), la máxima altitud del país compartida con Macedonia del Norte, el macizo de Shpat, el P. N. de los **Montes Tomor** y Ostrovice, y el macizo de Gramoz. Las cadenas montañosas de Kurvelesh, Grive e Himarë suponen un gran muro distribuidas de forma paralela a la costa jónica. En el sur se hallan los **parques de Bredhi Drenoves** y Zej que son las áreas frías y desconocidas de esta región limítrofe del Epiro por donde pasa uno de los ríos más importantes del país, el **Vjosë**. Cerca de Tirana a modo de balcón se halla el **Monte de Dajti**, que al contrario de los antes mencionados es muy accesible mediante un teleférico que asciende a sus 1.600 m.

En total 18 parques nacionales preservan la riqueza paisajística de flora y fauna de un país seriamente amenazado por la contaminación del aire, sobre todo en el área urbana de Tirana-Durrës (aumento exagerado del parque automovilístico), erosión y sobreexplotación de suelos y bosques, construcciones urbanísticas descontroladas en el litoral…

Perfil sociopolítico

La Gran Albania

Uno de los principales conflictos en los Balcanes es la existencia de minorías en medio de pueblos con fuerte carácter nacional como el serbio y el albanés. De ahí el conflicto de Kosovo que derivó en una independencia unilateral de Serbia no reconocida, entre otros, por España. En el caso de Albania la nación y cultura albanesa trasciende de sus fronteras llegando a Kosovo, mitad oeste de Macedonia, sur de Serbia, este de Montenegro y Epiro (Çameria) griego. Es lo que se conoce como la Gran Albania.

▼ Jovenes albaneses en el Día de la Independencia.

Un pueblo con fuerte identidad que vive dentro y fuera de sus fronteras.

Se da la peculiaridad que viven más albaneses fuera de las fronteras del estado que dentro. En Albania, como pasa con prácticamente la totalidad de estados de Europa, no coinciden las fronteras del estado con la distribución territorial de la nación albanesa. Eso sin contar con la población que vive en otros países o lo que se denomina diáspora. Kosovo, antigua región autónoma de Serbia y hoy estado independiente, es de mayoría albanesa, pero también tienen albaneses las vecinas repúblicas de Macedonia del Norte (se estima que un 25 % de la población es de origen albanés), Grecia (a los más antiguos se les conoce como *arbanitas* y *chams* musulmanes) y el sur de Montenegro. Italia tradicionalmente ha tenido población albanesa desde los arbëreshë (principalmente católicos de dialecto tosco) que viven en el sur de la península y en Sicilia desde los siglos XV y XVI. A estos se han unido las últimas emigraciones forzadas tras la caída del comunismo. En otros países viven albaneses principalmente en los EE. UU., Alemania, Canadá, Suiza (kosovares). Pero curiosamente el país que tiene más descendencia albanesa es Turquía donde se estima que unos 8 millones de turcos son de origen albanés fruto de la larga historia común con el Imperio Otomano. Hoy es Turquía la que tiene inversiones en el país además de preservar el patrimonio islámico. Otras pequeñas minorías de albaneses se hallan en Egipto, Serbia, Bosnia, Rumanía, Bélgica, Francia… En España viven unos 5.000. En total desde finales del siglo XIX al menos 7 millones de albaneses han tenido que salir fuera de su país.

Mosaico de minorías, sobretodo en el sur del país. Albania no escapa a la realidad de los Balcanes aunque sus dirigentes siempre lo han querido esconder desde Zog, Hoxha o el mismo actual gobierno defendiendo que el actual estado es casi monoétnico. Ya en la época del postcomunismo la minoría griega representada por el partido Omonia (Concordia) obtuvo el 6 % de los sufragios en las elecciones de 1991; hoy según informes oficiales son entre unos 60.000 y 90.000 habitantes. Los macedonios viven alrededor de los lagos Prespa y Ohrid principalmente y son al menos 5.000 habitantes, los montenegrinos son unos 2.000 y viven junto al lago Shkodra y al norte de esta localidad, y los romaníes o gitanos son los menos integrados y de los que no se tienen estadísticas aunque se estima pueden alcanzar las 150.000 personas; por sus rasgos a veces son confundidos con los askhali (persas) y los balcano-egipcios que se instalaron en la región central cerca de Fier en el siglo xv. Otras minorías son: los arumanos que llegaron a ser 100.000 personas y se encuentran dispersos en el sur del país cerca de Korça, Fier, Vlora y Saranda; los pomakos búlgaros que se establecen a lo largo de la frontera de Macedonia del Norte y pudieran llegar a las 100.000 personas; los goranis que son musulmanes eslavos procedentes de la región de Gora entre Albania y Kosovo y son unos 6.000 repartidos entre estos dos países. Finalmente hay pequeños grupos de bosnios, judíos y armenios. A pesar de las decisiones oficiales, tradicionalmente ha existido una buena cohabitación y tolerancia entre los albaneses y sus minorías.

▲ En la Riviera Albanesa, Korça - Epiro Albanés y el sur de Gjirokastra, al sur de Albania, vive gran parte de la comunidad helena.

La lengua. El albanés (tosco) es la lengua oficial de Albania, pero también de Kosovo y Macedonia del Norte (cooficial en las localidades donde viven mayoritariamente albaneses). Tiene dos grandes dialecto, los guegos, que viven al norte del país y son principalmente musulmanes con minorías católicas, y los toscos, que viven al sur siendo esencialmente musulmanes y ortodoxos aunque reciben diversas influencias, ya que en la mitad sur es donde viven mayor número de minorías. A nivel político los primeros suelen votar más al PD y los segundos al PS. El río Shkumbin supone la frontera natural entre ambos dialectos. El albanés, junto al vasco, es una lengua no emparentada con el resto de lenguas europeas, aunque su origen quizá viene del Cáucaso pues es una lengua indoeuropea.

Personajes famosos

▲ Busto de Skanderbeg en el museo del castillo de Kruja.

▌Skanderbeg (1405-1468)

Nacido en Kruja, la antigua capital albanesa, Jorge Castriota fue un militar y aristócrata albanés que es considerado el héroe nacional de albaneses y kosovares. Así lo demuestran sendas estatuas ecuestres existentes en Tirana y Pristina. Como su padre, fue uno de los oponentes a la expansión del dominio otomano. Aún así, estuvo en la corte otomana como rehén y se convirtió al islam. Como militar otomano adquirió el título de iskender Bey o príncipe Alejandro en sus dotes parecidas a Alejandro Magno. Logró rebelarse contra los otomanos y reunir a nobles albaneses en la ciudad de Lezha. A partir de entonces se construirían grandes fortalezas como la de Kruja que resistió a los embates del turco Murat II y Mehmet II que no consiguió derrotar tampoco a Skanderbeg. Este murió de malaria en Lezha donde están los restos de la iglesia donde supuestamente fue enterrado. En la vecina Kruja, en su castillo se halla el museo dedicado al patriota.

▌Zogu I de Albania (1895-1961)

Sucesor ce Victor Manuel II de Italia fue primer ministro y presidente de Albania durante los años 1925 a 1928 para después autoproclamarse rey entre 1928 y 1939. Inicialmente fue miembro de la aristocracia albanesa que colaboró con el Imperio Otomano y posteriormente con la Italia fascista. Es considerado como uno de los padres del estado moderno albanés aniquilando formas de vida medievales o antiguos señoríos y clanes hereditarios locales. Se conservan sus palacios en Tirana y Durrës. Su hijo Leka I fue un controvertido personaje que tuvo problemas incluso con la justicia española.

▌Enver Hoxha (1908-1985)

Como el anterior, controvertido es Enver Hoxha que fue un patriota, pero también uno de los más crueles dictadores comunistas marcando a toda una generación. Luchó contra los fascistas e impuso un régimen comunista de carácter personalista; obsesionado con la independencia de Albania, la aisló del resto del mundo "bunkerizándola". Intentó la autosuficiencia de su pueblo y crear un "nuevo hombre". Realizó purgas políticas y convirtió a su país en el único del mundo donde el ateísmo era oficial. El Museo Etnográfico de Gjirokastra fue su residencia y parte de sus estancias están dedicadas a ese oscuro período que marcó Albania durante décadas.

▲ Foto de Enver Hoxha en una tienda de recuerdos.

▌ Teresa de Calcuta (1910-1997)

Aunque reivindicada por la vecina Macedonia del Norte donde realmente nació, ella siempre se consideró de nacionalidad albanesa. Muchas ciudades como Shkodra o Pristina (Kosovo) tienen un monumento dedicado a esta misionera consagrada a ayudar a los más necesitados. Con nacionalidad hindú funda en 1950 su propia orden con su característica indumentaria, las misioneras de la Caridad. Fue beatificada en el año 2003.

▌ Ismail Kadaré (1936-)

Nacido en Gjirokastra, donde tiene su museo, este poeta y escritor, premio Príncipe de Asturias de las Letras, es considerado uno de los grandes escritores contemporáneos. A pesar de vivir en un hermético régimen comunista, Kadaré creo alegorías para combatir al comunismo de Enver Hoxha nacido en la misma localidad. Musulmán de la secta bektashi vivió la Segunda Guerra Mundial y estudió en la Universidad de Tirana y en el Instituto de Literatura M. Gorky de Moscú. Entre sus novelas, *El general del ejército muerto*, *El palacio de los sueños*, *Abril quebrado* o *Los tambores de la lluvia*. Exiliado en Francia afirmó que "la dictadura y la literatura original son incompatibles". Fue férreo defensor de la independencia de Kosovo.

▲ Mosaico de la Madre Teresa en la catedral de Vau i Dejes.

▌ Otros personajes famosos

Elina Duni residente en Suiza es una de las grandes cantantes de jazz; **Inva Mula** es el principal exponente de la Ópera; **Mark Velo**, intelectual, arquitecto y famoso escritor nacido en París; **Omer Kaleshi** fue un reconocido pintor con influencias culturales tanto de Macedonia como de Albania; **Vaçe Zela** es uno de los cantantes tradicionales más populares; **Panajot Pano** es un destacado futbolista con más de 80 partidos en competiciones internacionales; **Alexandre Moïssi** es uno de los grandes actores teatrales; finalmente, nacida en Kosovo es la cantante y compositora inglesa **Dua Lipa**. También la estadounidense **Bebe Rexha**, **Ava Max**, **Era Istrefi** o **Rita Ora**, nacida en Pristina. Menos conocidas son las divas **Eliana Gjata**, la kosovar **Leonora Jakupi**, el cantante **Marin Hoxha** o **Dhurata Dora**. El mismo actual primer ministro **Edi Rama** está siendo un actor principal en el desarrollo y transformación, no solo de Tirana (precursor de su modernidad y cambios) sino de Albania en general.

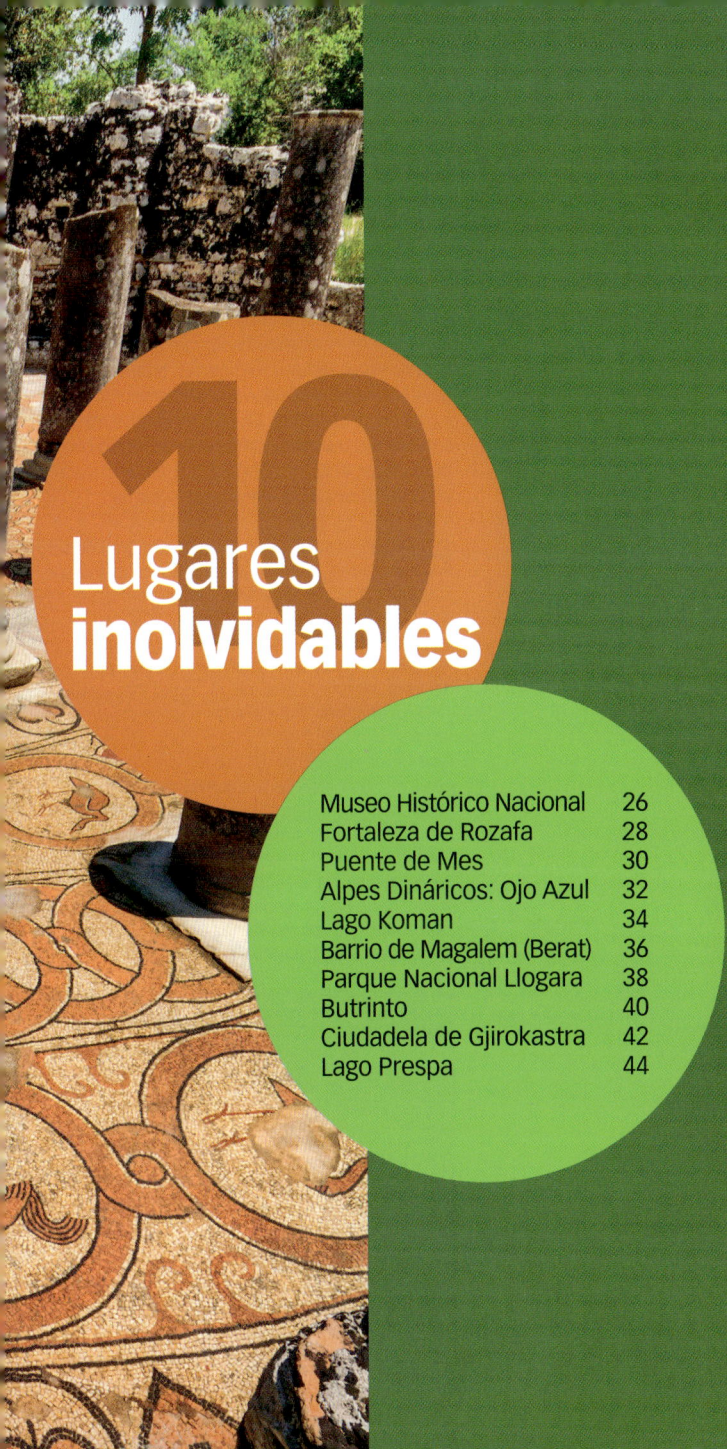

10

Lugares
inolvidables

Museo Histórico Nacional (Tirana)

Se ubica en uno de los edificios más emblemáticos del país, emblemática al menos es su fachada con el mosaico nacionalista y comunista que representa a los iconos albaneses que guían la patria y dónde curiosamente todas sus figuras van armadas. En el interior sus amplios pabellones muestran una riqueza en objetos y obras expuestas y suponen un paseo único y enriquecedor por la historia de Albania.

Info

- 📅 52-53
- ✉ Shesi Skënderbej 7
- ☎ 04 222 39 77
- 🕐 Abierto de martes a sábado de 9 h a 16 h; domingo de 10 h a 15 h
- 💶 200 Leks
- 🌐 www.mhk.gov.al

El Museo se fundó en el 1981 en este gran edificio de carácter triunfalista de la época comunista sito en la plaza Skanderbeg. De los personajes resulta un cierto parecido a Enver Hoxha y su mujer en las figuras centrales arropadas de guerreros, intelectuales antiotomanos, partisanos, obreros, iconos del comunismo y, cómo no, el propio Skanderbeg.

Se organiza en 7 pabellones o salones que retratan con obras de todo tipo la historia de los que se consideran herederos del pueblo ilirio. Los pabellones son: los dedicados a la **Antigüedad**, un período apasionante y rico de Albania como demuestran los diferentes recintos arqueológicos que existen, sobre todo en la mitad sur del país –entre las obras más destacables está el *mosaico de la Bella de Durrës*, la *tumba de Lower Selca*, el *Dios Apolo* así como la *cabeza de la Diosa de Butrint*–; el pabellón **medieval** centrado en buena parte en el legado religioso

▶ Mosaico de la fachada del Museo Histórico Nacional.

de iglesias ortodoxas así cómo fortalezas centra su desarrollo en la figura de Skanderbeg; el salón del **Renacimiento** albanés y el salón de la **independencia de Albania** que indaga en los próceres de la Albania moderna desde mediados del siglo XIX hasta el año de la independencia en 1912. Es posiblemente el menos interesante por su exagerado número de documentos y símbolos presentados destacando los libros de Sami Frasheri que hablan de la identidad albanesa; el interesante pabellón de **iconos** muestra aquellos que sobrevivieron al ateismo. Albania fue oficialmente un estado ateo y el comunismo persiguió a representantes de iglesias, mezquitas y *tekkes* (musulmanes bektashis) esos edificios dejaron de ejercer esa función religiosa y se convirtieron en escuelas, centros de deporte, almacenes… o se destruyeron. Se presentan 70 obras de **arte postbizantino** de los siglos XVI-XVIII; finalmente destaca el salón de la **persecución comunista**, uno de últimos inaugurados en el 2012 que presenta los horrores de aquella etapa autártica y oscura.

▲ Vasijas de cerámica de Iliria en el pabellón de la Antigüedad.

También está el salón de la **Guerra de Liberación Antifascista**, una etapa vital para la independencia de Albania hacia Italia. Una última sección se detiene en la vida y milagros de la **Madre Teresa de Calcuta**.

Para visitarlo con detenimiento hay que calcular unas dos horas pues se presentan más de 3.000 objetos y obras de los más de 6.000 existentes en sus fondos. El museo es con sus 27.000 m^2 el más grande del país y cuenta además con archivo y laboratorio, además de salas de exposiciones temporales.

Fortaleza de Rozafa

2

Las magníficas fortalezas construidas en el medievo, en la época de Skanderbeg ocupaban unos emplazamientos únicos como es este enorme conjunto defensivo sobre un altozano que domina el valle del Drin en su confluencia con el Buna así como buena parte del lago Shkodra y los confines del vecino Montenegro.

La vasta ciudadela (*Kalaja e Rozafës*) está estratégicamente construida teniendo una extensas vistas del norte de Albania. Formaba parte de una línea defensiva donde se incluían vecinas fortalezas como la de Lezha y Kruja. La construcción mezcla una serie de construcciones de diferente época: iliria, medieval otomana aunque buena parte de la estructura hoy visible es de la época en que este territorio fue veneciano. Hasta tiempos recientes ha servido como bastión militar del ejército albanés por su estratégico emplazamiento muy cercano a Montenegro.

Se asciende por un camino asfaltado donde se halla la taquilla de entrada. Si se viene en coche se sugiere dejarlo en el párking de la parte baja ya que junto a la taquilla se suele llenar con la consiguiente dificultad para maniobrar en pendiente. Ya desde esta cota se observan excelentes vistas sobre la planicie, muchas veces inundada, del río Drin, uno de los más importantes del país. Igualmente se observa la privilegiada ubicación de la mezquita de Plomo, en la actualidad en proceso de restauración.

Tras la imponente puerta norte se halla un primer lienzo de muralla desde la cual se divisa perfectamente la ciudad de Shkodra que parece desparramarse sin orden ni concierto por la llanura como si quisiese llegar a los pies de los mismísimos Alpes. El primer monumento observable son los restos de la vieja catedral de San Esteban del siglo XIII en funcionamiento incluso en tiempos de la dominación otomana, cuando reconvirtió su estructura gótica en mezquita de la que se conserva parte del minarete. Hoy se erige una nueva catedral con el mismo nombre a un lado del centro histórico de la ciudad. Pasado otro lienzo de muralla se llega al **Museo del Castillo** que se paga aparte y está ubicado en lo que fue una caserna veneciana, antigua residencia de gobernantes turcos. Los objetos expuestos son de la región de Shkodra y nos descubren hechos de su historia, destacando un león veneciano que seguro se hallaba en la entrada principal o un interesante mosaico del siglo III. A la entrada una escultura de Rozafa dando de mamar a un niño y que explica la trágica leyenda del castillo. Al parecer sobre su construcción pesaba un maleficio por el cual los muros construidos durante el día caían durante la noche. La única solución según un adivino de la época consultado era sacrificar a alguna dama de los constructores del castillo. Según la leyenda, la joven Rozafa se ofreció al sacrificio que consistió en ser emparedada en sus muros. La única condición era dejar dos agujeros para sus brazos y senos para poder amamantar al bebé. Así se hizo y así se pudo acabar la magnífica fortaleza. Junto al museo hay un pequeño bar con un buen mirador y un comedor tipo otomano.

Info

⏱ Desplegable
✉ Rruga Kalasë
  9218298/22953460
☎ 04 222 39 77
🕐 Todos los días, en verano de 8 h a 20 h y en invierno de 9 h a 19 h
💾 200 Leks
  (**Museo**, 150 leks, abierto de martes a domingos de 9 h a 17 h)

◀ Fortaleza de Rozafa con la bandera albanesa ondeando.

▼ Altorrelieve de la leyenda de Rozafa dando de mamar a un niño.

Puente de Mes

3

Si los edificios religiosos se destruyeron durante el período comunista, las construcciones y monumentos públicos se mantuvieron algunos de ellos intactos como el Puente de Mes (*Ura i Mesit*) uno de los más largos de la región balcánica. El puente se identifica con el poder recaudatorio que tenían los señores vasallos de los sultanes otomanos.

▶ El río Kir a su paso por el puente de Mes.

Info

ⓘ Desplegable

Parece mentira que en medio de la naturaleza, junto a una actual carretera secundaria que se pierde en los remotos Alpes Dináricos, se pueda conservar y observar esta bella obra de ingeniería. El puente es atravesado por el torrencial río Kir justo antes de desembocar en el río Drin, ambos ya cerca de su desembocadura, no se sabe bien si en el mar o en el lago Shkodra. El puente otomano fue construido en 1768 por el importante pachá local Mehmed Bushatlli (Kara Mahmud Bushati), señor nombrado por el sultán pero que tenía poder territorial y comercial (de aquí también la construcción del puente).

Se concibió con un gran arco central y dos laterales para acabarlo con un total de trece arcos asimétricos, o de diferente tamaño y altura, y una longitud total de 108 m. El objetivo no solo estético era reforzar esta estructura de 14 m de altura en caso de inundación. Su trazado lineal de poco más de 3 m de ancho tiene pendiente siendo el punto más elevado la parte central. Algo dañado por terremotos, inundaciones y el propio paso del tiempo, fue reconstruido y habilitado en el 2010 para ser transitado por peatones. En el momento de su construcción era un lugar estratégico pues por aquí se

▲ Niños vestidos con el traje típico caminando por el puente.

unía comercialmente Shkodra con Pristina (Kosovo). Hoy una carretera secundaria que parte de Shkodra lleva al puente, situado a unos 9 km al noreste de la localidad y una vez pasado el cruce que lleva a Theth y Koplit. La carretera secundaria sigue el curso del río Kir hasta la localidad homónima donde pasa a ser pista y perderse por un mundo de agreste montaña y aldeas todavía por explorar y por donde no ha llegado ningún turista. A 6 km del puente siguiendo por la carretera se encuentran los restos del castillo bizantino de Drishti junto al yacimiento romano de Drivastum.

Buena parte de los puentes otomanos distribuidos por la rica geografía fluvial de Albania suelen adquirir el nombre de puente del medio o *ura e mesit,* un lugar "intermedio" donde se comerciaban productos a ambos lados del río.

Kara Mehmed Bushatlli

También conocido como Kara Mahmud Bushati o Mahmud el Viejo, fue coetáneo del famoso Ali Pashá de Tepelena, en el sur de Albania. Como señor feudal nombrado por el sultán otomano (1768-1775) fue adquiriendo poder e independencia en este caso en la región norte o Shkodra de la cual fue pachá, e incluso inquietó reinos cercanos como Montenegro ocupando la vecina ciudad de Ulcinj.

Alpes Dináricos: Ojo Azul

4

En el Parque Natural de Thethi en plenos Alpes Dinámicos y cerca del Valle de Valbona se puede realizar una pequeña excursión para descubrir el interior de este misterioso e impactante paisaje a través de caudalosos y prístinos ríos, sombríos bosques donde el poder de la naturaleza sobrecoge la misma existencia del hombre.

Info

- ⏱ Desplegable
- 🌐 www.akzm.gov.al
- 🍴 Bar Restaurante Lulash Zelna; telf. 068 83 94 134

▼ Curso del torrencial río Lumi i Thethit.

El Parque Natural de Thethi (Parku Kombëtar Thethi) es un parque nacional vecino a otros 5 espacios naturales. Contiguos están el Parque Nacional de Valbona (*Parku Kombëtar Lugina e Valbonës*), un parque nacional en Montenegro, el Prokletije, así como otro espectacular parque nacional en Kosovo, el *Parku Kombëtar Bjeshkët e Nemuna*, aparte de la reserva natural de Lumi i Gashit, cercana a un importante conjunto de lagos glaciares. En definitiva, uno de los lugares de naturaleza poco impactados y con curiosas formas de vida rural, las más desconocidas del viejo continente; por eso, desde 2017, las aldeas de Thethi son Centro Histórico Protegido. Existe un interesantísimo proyecto de crear un Parque de la Paz entre estos tres estados en una zona castigada por conflictos étnicos y políticos (*www.balkanspeaceparkdotorg.wordpress.com*).

El Parque Natural de Thethi se encuentra a unos 70 km de la ciudad de Shkodra por un carretera estrecha en algunos tramos, pero bien asfaltada, que conduce a través de unos paisajes maravillosos hacia el valle del caudaloso río Thethi. Un espectacular espacio rodeado por impenetrables montañas de más de 2.500 m de altitud. De los espacios naturales antes mencionados es el área natural protegida más pequeña (unos 26 km²), pero la que concentra mayor biodiversidad de los Balcanes. Rico sobre todo en especies vegetales (unas 70 especies en peligro de extinción) y ornitológicas, como el buitre leonado, el águila real o el urogallo, también viven animales mamíferos, pues en sus confines hay lobos, osos y linces…

Uno de los atractivos es ir al disperso núcleo rural de **Theth** y desde allá explorar el territorio conociendo sobre todo su paisaje (cuevas), pero también su riqueza hídrica como lo demuestran diversos saltos de agua, pozas y cascadas como la de **Gruna** con una caída superior a 25 m. Una excursión cada vez más conocida es ir al **Ojo Azul** que nada tiene que ver con el otro Ojo Azul (Blue Eye) existente al sur del país, entre Saranda y Gjirokastra. Una parte de la excursión se realiza en coche por la única carretera que atraviesa el Thethi y que acaba en un diseminado donde hay un pequeño bar y alojamiento en lo que se conoce como valle del río Shala, afluente del Drin. Desde allá se remonta el río atravesando una pequeña cascada que hace caprichosas cavidades en su parte superior. Después se trata de una caminata de unos 10 km (también se puede hacer en un 4x4) que tiene una pequeña subida y luego una bajada hasta el boscoso valle del Zi y este paraje idílico. Lugar mágico, como de cuento de hadas, parece estar dominado por duendecillos que se esconden en el bosque o en esa siniestra casona cercana al manantial denominado Ojo Azul. Frente a esta poza y cascada de aguas cristalinas con fondos azules y turquesas hay improvisados y rústicos merenderos desde donde contemplar este pequeño paraíso ensimismado en el corazón de los Alpes Dináricos Albaneses.

▼ Cascada del manantial conocido como Ojo Azul.

Lago Koman

5

Para los amantes de soñar despierto hay que tomar el barco o el ferri que surca el lago Koman hasta Fierzë atravesando paisajes espectaculares que sugestionan la imaginación. Parece mentira que en los tiempos actuales todavía pervivan formas de vida tan aisladas y precarias como las existentes en las escarpadas laderas de esta autopista de agua diseñada durante el comunismo.

Info

📠 **Ferri Berisha**
☎ +355 69 680 07 48/068 527 09 34
🖥 www.komanilakeferry.com
🕐 Del 15 de abril al 5 de noviembre. Hay servicios de recogida en Tirana, Shkodra, Fierzë, Valbona y Theth. Sale de Koman a las 9 h llegando a Fierzë a las 11.30 h. Luego sale de Fierzë a las 13 h y llega a Koman a las 15.30 h.
El **barco Dragobia** sale todos los días pero solo lleva motocicletas y pasajeros. Sale a las 6 h de Fierzë y regresa el mismo día de Fierzë a las 9 h llegando a Fierzë a las 12 h.
💶 9 € o 1.000 leks/precio de los vehículos unos 30 € en función de los m²

▼ Barco turístico navegando por el lago Koman.

Dentro de la política de aislamiento y autosuficiencia del régimen comunista de Hoxha se enmarca la construcción de dos grandes embalses que aprovechan los recursos hídricos de uno de sus mayores ríos: el **Drin**. En esta obra faraónica ideada en 1983 se inundó parte de los pequeños fértiles valles laterales y sus poblaciones dispersas. Sus moradores sin poder de decisión o indemnización tuvieron que emigrar o buscarse la vida en cotas más elevadas de las montañas circundantes. A pesar de que parezca increíble, aparte del impacto ambiental el proyecto no solo supuso un recurso hidroeléctrico importante para el país, sino también (en la actualidad) un reclamo turístico de primer orden. El recorrido en ferri por el lago artificial **Koman** es una experiencia única pues da la sensación de estar navegando por los fiordos noruegos durante las más de 2 horas que dura el trayecto. Admirar el majestuoso paisaje y pensar cómo puede ser la vida indómita en estos lugares es un ejercicio apasionante e inolvidable. En las escarpadas laderas del lago escondidos en los bosques todavía viven aldeanos que llevan una vida de autosubsistencia en un medio hostil donde viven animales salvajes como zorros, lobos, gatos salvajes, ciervos e incluso osos.

El recorrido puede realizarse desde Shkodra o bien desde la localidad de **Bajram Curri** al norte del lago, cerca de la frontera de Kosovo y a la entrada del **Parque Natural de Valbona** y los lagos del norte. Si se viene de Shkodra (la forma más habitual) se suele tardar unas dos horas de carretera, una carretera, por cierto, con bastantes curvas. A unos 35 km de la localidad se pasa por Vau i Dejes donde en el meandro del río hay dos islas. Aquí se encuentran las **ruinas de Sarda** de lo que fue un castillo señorial y una iglesia bizantina. La carretera serpentea durante 25 km hasta el núcleo de Koman donde en su cercano embarcadero se toma el ferri que lleva por las calmadas y prístinas aguas de color jade hasta las cercanías de la localidad de Fierzë.

Aquí hay otro embarcadero para hacer la ruta inversa viniendo de la localidad de Bajram Curri. Durante buena parte del año (excepto en invierno) se puede embarcar vehículos, lo que acorta el trayecto por carretera para llegar a Valbona. El recorrido de más de dos horas transcurre por un paisaje semejante a un fiordo, donde existen grandes cuevas como la de Zojes cerca del inicio del recorrido en Koman. El lago tiene diversas ramificaciones donde es posible ver a los campesinos llevar sus alimentos y enseres para la dura supervivencia en estas montañas alpinas o personas que ofrecen servicios a estas aisladas comunidades de montañeses. A la dura supervivencia hay que añadir los tradicionales conflictos por propiedades que derivan muchas veces en venganzas de sangre que se resuelven con el *kanun* (unas antiguas leyes). En el lago existe otra pequeña isla con una cruz blanca. Esta isla denominada de la Paz era utilizada para resolver los conflictos de una pequeña comunidad dispersa que se aproxima al millar de personas y que por las condiciones de vida va decreciendo.

▲ El ferri atraviesa un paisaje similar al de los fiordos noruegos.

Si se viene de esta nueva localidad administrativa cercana a Kosovo (Bajram Curri), se ha de tomar el minibus que va a Tirana o en vehículo propio hasta el embarcadero de **Bregluma**. El ferri sale a las 13 h por lo que hay que anticiparse para comprar los boletos, sobre todo si se lleva vehículo, pues en temporada de verano suele ir lleno (mejor realizar reserva por internet que además es más económico). Desde Koman el ferry sale a las 9 h. **Bajram Curri** se construyó en la época comunista y adquiere el nombre de un personaje revolucionario kosovar que luchó contra el Imperio Otomano y no era bien visto por el rey Zogu I, contrario a la unificación de Albania y Kosovo. Se cree que murió asesinado por agentes del propio Zogu I en una cueva donde se escondía y que se conocía como Dragobia. Un enorme monumento a su persona se levanta en el núcleo de la localidad, un centro administrativo sin interés monumental del distrito de Tropoja. Es también un lugar de servicios para las personas que quieren visitar el corazón de los Alpes y el Valle de Valbona.

Info

🚌 **Minibus,**
desde Shkodra a Koman
✉ Cruce de las calles Marin Barleti y Skanderbeg
☎ +355 68 39 58 101
🕐 Diario, a las 6.30 h, 7 h y 7.30 h

Barrio de Mangalem (Berat)

6

La homogeneidad arquitectónica del barrio histórico de Mangalem, bajo la ciudadela de Berat, nos evocará estar en Anatolia o nos trasladará a los tiempos cuando Albania era otomana. Este barrio de los musulmanes ubicado a 130 m sobre el nivel del mar fue declarado villa museo en 1961. No en balde a Berat se la conoce con el sobrenombre de la "ciudad de las mil ventanas". Quizá son muchas más las que observan el descontrolado meandro y puentes sobre el río Osum.

▲ El barrio de Mangalem en Berat, conocida como la ciudad de las mil ventanas.

Info

⊘ 101

Junto al caudaloso río Osum se abre el conjunto de mansiones que parecen escalar la montaña donde se halla la espectacular ciudadela o *Kala* de Berat. Se trata de un blanqueado y homogéneo conjunto de casas otomanas con travesaños de madera, tejados a cuatro aguas y miles de ventanas. Un conglomerado muy pictórico o fotogénico si se observa desde los dos puentes peatonales que unen con el otro barrio histórico o Gorica, menos homogéneo, pero no por ello menos interesante. Se recomienda trepar al barrio por su laberinto de calles alargadas y comunicadas por viejas escaleras de piedra. En su arreglada armonía se abren casas particulares muchas de las cuales se han convertido en tiendas de souvenirs, acogedores restaurantes y cucos hoteles o casas de huéspedes para acoger al turismo, la principal actividad de quizá la más bella y antigua localidad de Albania y de los Balcanes.

El conjunto urbano ya por sí solo es un monumento. En la parte junto al puente colgante que comunica con **Gorica** se halla la impresionante **mezquita de los Solteros** (*xhamia e Beqarëve*) que estaba reservada, como su nombre indica a solteros que trabajarían esencialmente en comercios del bazar. A pesar de su monumentalidad y frescos exteriores la mezquita es una de las más recientes construidas en el casco viejo y data de 1827. Remata una esquina del barrio y muy cerca tiene los restos de un palacio porticado también del siglo XVIII, el **palacio Pachá Ahmet Kurt,** gobernador otomano del centro de Albania y artífice de diversas construcciones de la localidad. La **calle Antipatrea** es la arteria principal de la ciudad y comunica con la parte administrativa más moderna. A su inicio se hallan otros dos monumentos dignos al menos contemplar desde el exterior: monumental y elegante es la **mezquita del Rey** o del Sultán (*Xhamia e Mbretit*), del siglo XV, que se abre junto a una gran plaza, y la **calle Mihal Komnena,** que sube por un empinado trazado a la ciudadela o **kala.** Después de la oración se puede entrar para contemplar su espectacular interior con artesonado policromado de madera. Casi detrás de la mezquita principal se halla el **tekke de los Halveti,** construido en el siglo XVIII, que destaca por su interior con bonitos frescos. Las columnas del pórtico provienen de la antigua ciudad de Apolonia. Este edificio de dos plantas es como una especie de mezquita, pero sin minarete, y acoge a los fieles de una orden del sufismo (bektashi) que tiene la función de propagar un islam de carácter más místico que se ha conservado bastante bien en Albania.

En un lateral de la calle Mihal Komnena, donde hay diferentes tiendas de recuerdos se halla el interesante **Museo Etnográfico,** ubicado en una fabulosa casa otomana y en él se puede apreciar como era la vida cotidiana en tiempos de la colonización otomana. Su patio tiene una almazara de madera y un espacio o planta baja dedicado a la cultura del olivo y el aceite, una de las principales producciones de la región. Entre las salas superiores destaca la galería de las mujeres y el cuarto de invitados en el centro del cual se puede observar la *sofra* o mesita circular con vajilla grabada.

▲ Tienda de recuerdos en Mangalem.

Info

Museo Etnográfico
Toli Bojaxhui
+355 32 232 224
https://muzeumet-berat.al
Del 15 de mayo al 30 de septiembre abierto todos los días de 9 h a 18 h; resto del año abierto de martes a sábado de 9 h a 16 h, domingos de 9 h a 14 h
300 Leks

Galería Edward Lear
Palacio de Cultura, 1ª planta
+355 32 232 027
Gratis

P. N. Llogara – Monte Cika

7

Haciendo de gran mirador hacia la costa jónica y las islas griegas, el Parque Nacional de Llogara es un espacio salvaje y escarpado donde los bosques y los sorprendentes barrancos no dejarán indiferente al viajero. Esperemos que el turismo litoral cercano no acabe con este espacio natural tan netamente mediterráneo.

Info

⊙ Desplegable

▼ Bosques de pinos y abetos en el Parque Nacional LLogara.

L a carretera que va desde **Orikum** a la **Riviera Albanesa** o **Dhermi** es una de las más pintorescas y vertiginosas de Albania. Dicha carretera parte cerca de otro espacio natural impresionante que es el de **Karaburun-Sazan**, un espacio natural marítimo-terrestre en parte de uso militar, convertido casi en un espacio virgen. La carretera actual, porque desgraciadamente se está construyendo un túnel que atraviesa parte del montañoso parque, tiene un sinuoso trazado de curvas y fuertes pendientes, pero es también un regalo para la vista. Siendo hasta la fecha el único paso litoral, las nieves invernales podían aislar la costa jónica de Albania, que ahora ya está unida por el interior (Fier-Gjirokastra-Saranda).

El espacio natural propiamente dicho se caracteriza por un bosque de viejos pinos y abetos que ocupa unas 1.000 ha en las faldas de los **montes**

Qores y **Cika**; a su desnuda y pedregosa cumbre se puede ascender desde un camino cerca de la carretera y el paso de Llogara en una excursión no muy complicada, pues el pico es visible en toda la ruta. De pequeña extensión, la altitud varía entre los 500 y más de 2.000 m, por tanto las pendientes y barrancos son bastante considerables. Existen pocos senderos y alguna área de acampada, pero se aconseja un guía si nos alejamos de la carretera o servicios, sobre todo de los reputados restaurantes especializados en carne asada. El parque cuenta además con casi un centenar de especies de animales salvajes (corzos, zorros, jabalíes, lobos, reptiles…) que se encuentran en la parte superior del **Valle de Dukati**.

▲ Decoración festiva de los búnkeres del régimen comunista.

El lugar también tiene reminiscencias históricas pues al parecer pasaron por aquí las huestes de de Julio César para derrotar a Pompeyo. Realmente las vistas que pudo observar el magno emperador las recordaría de por vida. Desde la parte alta de la carretera, donde existen dos miradores, se contempla una amplísima vista que abarca las cimas escarpadas del parque natural, las tres isletas habitadas del **archipiélago de Diapontia** que junto a **Corfú** son ya tierras griegas, y también se adivinan las playas y calas de lo que modernamente se conoce como Riviera Albanesa.

Todavía se esconden entre la naturaleza búnkeres fruto de la obsesión del dictador comunista E. Hoxha. Hoy sus cúpulas están pintadas de manera improvisada con alegres motivos que ocultan lo que fue su real función militar.

La carretera desciende con curvas empinadas y cerradas hasta llegar a la **playa de Palasa** (*Palasë*), en la que desgraciadamente su naturaleza salvaje se ha domesticado o humanizado con la impactante construcción de una moderna urbanización, lujosos hoteles y restaurantes. Si hace escasamente una década esta playa no tenía ninguna construcción y su litoral de fina arena blanca combinada con guijarros muy erosionados solo tenía la montaña y el mar como límite, ahora nos encontramos con un litoral de cemento y cristal muy impactado desde el punto de vista ecológico. La apertura del túnel que unirá Orikum con Dhërmi puede poner el colofón a la colonización humana de este litoral donde vive la minoría griega. Lo más grave supondrá la destrucción de su autenticidad paisajística, casi única en el Mediterráneo europeo.

Butrinto

8

Patrimonio de la Humanidad desde el 1992 las ruinas de Butrinto y su entorno natural, también Patrimonio de la Humanidad, se hallan en una península antes amurallada ya muy cerca de Grecia. La visita a este vasto yacimiento arqueológico supone sumergirse en la historia de Albania.

Info

- ⚙ Desplegable
- 🔗 https://butrint.al
- ☎ +355 852 46 00
- ⚙ Abierto todo el año desde las 8 h al atardecer (el museo cierra a las 16 h)
- 💾 700 Leks

▲ Paisaje de la zona donde se encuentra la histórica Butrinto.

Se hallan en un maravilloso entorno natural protegido o *Parku Kombëtar Butrint* que engloba las isletas de Ksamil, las marismas y los lagos Butrinto y Rrezës. La vieja ciudad se encuentra en los confines del sur de Albania frente a las costas de Corfú y al sur de la localidad portuaria de Saranda. La histórica Butrinto se halla en una isla bastante pantanosa que fue primero griega, romana, bizantina, normanda y veneciana, pero también francesa en la época de Napoleón y, cómo no, otomana en los tiempos de Alí Pachá. Según la leyenda de la Eneida la ciudad fue fundada por Heleno hijo del rey Priamo. Heleno al igual que Eneas huyó de la Guerra de Troya, y los descendientes de este fundaron después de la ciudad de Roma. Aquí se hallaba el templo de Esculapio o Asclepio, Dios de la medicina, que atraía a fieles que querían curación de los más variados males.

La carretera SH81 lleva al parque arqueológico donde existe un amplio parking junto al **canal de Vivari** que conecta el lago con el Mar Jónico. El canal está vigilado por un sencillo castillo triangular de origen veneciano al cual se puede acceder mediante un viejo transbordador. Al otro lado ya a la entrada del parque se halla una **torre veneciana** del siglo xv perfectamente conservada. El parque está bien señalizado con planos y explicaciones del motivo monumental correspondiente. La visita comienza tomando el camino principal; al inicio nos encontramos con la parte quizá más interesante, el **ágora** o centro de la antigua ciudad. Aquí se encuentran, muchas veces casi inundadas, las **termas romanas** y el **teatro antiguo** bastante bien conservado, que fue primero griego, luego romano, y sus gradas llegaron a acoger a 2.500 espectadores. En sus excavaciones se encontró la bella estatua de Apolo que se puede ver en el Museo Nacional de Historia de Tirana. Su *orchestra* está inundada y cubierta por una plataforma de madera. Junto al teatro y las termas estaba el venerado **templo del Dios Asclepio**. Pasado el **Gimnasio**, mediante una desviación se llega al **Palacio Triconco** del que se ve su gran estructura muchas veces anegada. Más

▲ El teatro antiguo
de Butrinto.

adelante junto a las murallas y una puerta monumental se halla el interesante **baptisterio**, una de las imágenes más características del conjunto arqueológico. Es del siglo VI y tiene un suelo de teselas normalmente cubierto donde se observan diversos animales. Siguiendo por la zona boscosa se levantan las grandes arcadas de la **Gran Basílica** bizantina. Al **castillo** que corona la parte superior de la península se puede llegar siguiendo el perímetro de las murallas y el lago pasando por las monumentales **puertas del Lago** y **del León**, esta última con el característico bajorrelieve reconstruido en la Edad Media del león matando al toro. El conjunto fortificado disponía de un total de 6 puertas. Por unas escaleras se asciende al rehecho **castillo** veneciano que se levanta sobre lo que fue la **antigua acrópolis**. En el castillo hay un **museo** de escaso interés, aunque muestra piezas y bajorrelieves encontrados en la ciudad. La vista desde las almenas del castillo es fabulosa; si el día es claro se observa buena parte del parque natural y sus marismas, el canal de Vivari e incluso la isla de Corfú. Sobre todo en verano la visita es recomendable realizarla cuando abren el parque, al amanecer, con el sonido de los pájaros y ranas. Buena parte de los numerosos reptiles al parecer se eliminaron con la visita de N. Khrushchev al parque. La carretera actual que accede a Butrinto se construyó para la visita del gobernante soviético al país, cuando tenía la idea de construir una base de submarinos en esta región de Albania. Pasaría poco tiempo para que E. Hoxha desconfiase y rompiese relaciones con la URSS.

Para disfrutar al máximo la visita hay que perderse por sus senderos arbolados, lo que llevará al menos dos horas. Se trata de esos parques arqueológicos que, como los templos mayas, llegan a cautivar al visitante, sobre todo si la visita se realiza en soledad.

Ciudadela de Gjirokastra

9

Este estratégico emplazamiento de la ciudadela y del castillo de Gjirokastra, ya habitado en el siglo III a.C., es un símbolo de esta ciudad museo. El complejo conserva su carácter militar y una historia ligada a la prisión que se instaló aquí hasta el año 1971.

Info

- ⊙ Desplegable
- ✉ Rruga Evlia Celebi
- ☎ 084 26 90 01
- ⏰ Abierta todos los días de abril a septiembre de 9 h a 19 h (hasta la 16 h en invierno)
- 🖥 www.gjirokastra.org
- 💶 200 leks (el museo se paga aparte y son otros 200 leks)

▼ Antiguo castillo y fortaleza de la ciudad de Gjirokastra.

El castillo es una gran estructura que domina la ciudad museo de Gjirokastra y junto a Berat es uno de los conjuntos urbanos mejor conservados de Albania, algo que no es gratuito pues fue el lugar de nacimiento de E. Hoxha. Desde sus murallas se obtienen impresionantes vistas del valle del Drino, afluente del Vjosa, y las desconocidas montañas circundantes del norte del Epiro (Montes Lunxhëria). También se puede contemplar el núcleo histórico con sus bellas y características mansiones de comerciantes otomanos, el bazar y las principales mezquitas de la localidad.

Tras la entrada principal y a un lado se sube a la parte alta del castillo y los jardines donde se halla la tumba de dos santos o *baba* de la secta bektashi que vivieron en Gjirokastra en el siglo XVI. Siguiendo el sentido principal desde la entrada se pasa por una impresionante y fantasmagórica galería abovedada que muestra piezas de artillería de la Segunda Guerra Mundial. La galería llega al Museo y a la puerta al patio vigilada de frente por una enorme estatua

de un partisano de la época comunista. Una réplica todavía se halla en la plaza principal de la localidad de Permet. El Museo consta de tres secciones bien diferenciadas. Por una parte en la planta baja está el **Museo de la Ciudad** que adentra al visitante en la historia de Gjirokastra y sus características mansiones. Las **Prisiones** todavía mantienen ese ambiente lúgubre y siniestro pues fueron utilizadas por el rey Zogu I para recluir a sus enemigos, pero también por la Wehrmacht nazi y el régimen comunista de Hoxha. Un tercer recinto nos muestra el **Museo del Armamento** con una amplísima colección de armas. Justo en la salida al patio del castillo se ve un caza de reconocimiento estadounidense capturado por el ejército comunista en el aeropuerto de Rinas.

Al final del segundo y amplio patio de armas se halla el edificio de la torre del reloj construido en la época otomana y que completa las siete torres que vigilan la muralla. Aunque los orígenes del castillo se remontan al siglo VI fue Alí Pachá de Tepelena quien en 1810 amplió este emplazamiento militar alargando las murallas de la ciudadela. Él realizó el monumental acueducto cuyos vestigios se pueden apreciar en la parte sudoeste del castillo y con más de 10 km trae agua de una montaña cercana. En el lateral de la torre se realizan actuaciones musicales y folclóricas principalmente en verano: el Festival Internacional de Música Popular de Gjirokastra.

▲ Trajes típicos
en el Museo de la Ciudad.

Lago Prespa

El Parque Nacional del Lago Prespa (*Parku Kumbëtar Prespa*) forma parte de un parque transfronterizo Patrimonio de la Unesco que comparte con Macedonia del Norte y Grecia. Preserva un espacio lagunar y montañoso poco impactado por el hombre y en cuyas riberas administradas por tres estados, Albania, Macedonia y Grecia, viven todavía minorías étnicas que conservan lengua y tradiciones en uno de los rincones y secretos mejor guardados de la vieja Albania.

10

Info

- ⏻ Desplegable
- ℹ **Centro de Información del lago Prespa**
- ✉ Liqenas
- ☎ +355 68 203 0026

▼ El lago Prespa se encuentra en una zona montañosa protegida por el Parque Nacional homónimo.

Los lagos Prespa, el grande y el pequeño, son los lagos tectónicos más elevados de los Balcanes a más de 850 m y con las elevadas montañas circundantes forman el Parque Nacional Prespa. En su entorno conviven comunidades macedonias, griegas y búlgaras en un ejemplo de buena vecindad digno de una Europa unida y sin fronteras. Estas altas montañas de más de 2.200 m o **Montes Tathë** separan del otro lago que comparte administración con Macedonia: el **lago Ohrid**, que se alimenta en parte de las aguas subterráneas del lago Prespa que se halla unos 150 m por encima de este. Desde la ciudad de **Korça**, de la que dista unos 35 km, el paisaje y sus pequeños pueblos son muy fotogénicos, especialmente en primavera y otoño cuando los árboles de

hoja caduca de álamos y robles empiezan a tomar tonos amarillos y verdes. El parque natural es una reserva donde hay diferentes especies de reptiles y mamíferos como osos pardos, lobos, el lince boreal o aves como un tipo de pelícano, el más grande en su especie. Es también un lugar de rica fauna piscícola y de aves migratorias con más de 250 especies. El centro administrativo de esta región agraria muy poco desarrollada es **Liqenas**, donde la mayoría de población es macedonia. El núcleo administra pequeñas aldeas de un carácter rural difícil de encontrar ya en Europa. Liqenas tiene un pequeño embarcadero o playa de cantos rodados frente a la cual está la siniestra **isla de Maligrad** que se observa desde el mirador de la carretera (SH79) que viene de un desvío de Korça y acaba en la frontera de Macedonia. La isla tiene una pequeña iglesia rupestre la **Agia Maria** del siglo xiv con frescos afortunadamente bien conservados. Esta apartada región no estuvo muy influenciada por el devastador ateísmo de E. Hoxha. A unos 2 km ya muy cerca de la frontera de Grecia se encuentra la curiosa iglesia eremita de **Agia Paraskevi** o **Shem Premtes**, en albanés. Pintoresca es también la localidad de **Zagradec** donde en su centro de Información nos explicarán la colaboración interfronteriza entre mujeres griegas y de esta parte de la frontera.

▲ Las minorías étnicas que pueblan la zona viven en pequeñas aldeas.

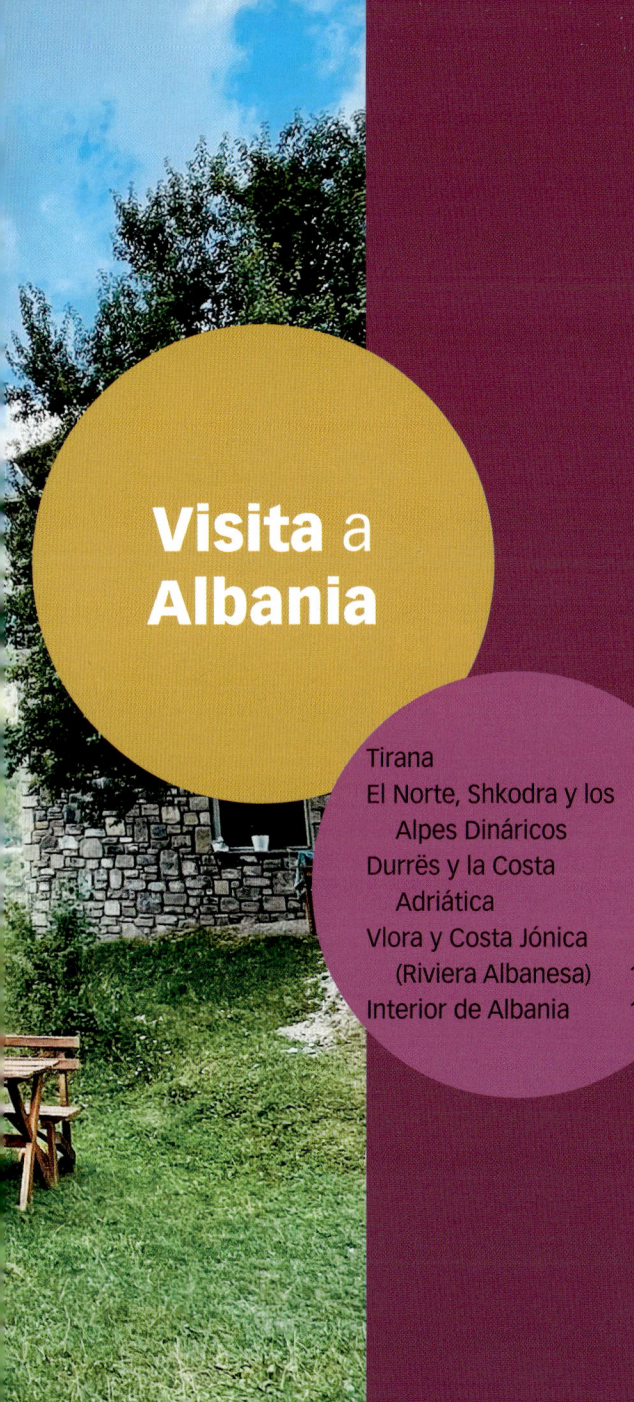

Visita a Albania

La
esencia
de **Tirana**

Poco tiene que ver la Tirana gris y apesadumbrada del no tan lejano régimen comunista con la actual Tirana. Una urbe que no para de crecer a lo ancho pues tiene pocos límites geográficos que se lo impidan. También a lo alto pues continuamente surgen nuevos y modernos edificios y otros templos que ya no son culto unipersonal a E. Hoxha, sino a un capitalismo que pretende compararse con Dubai o Singapur. Tirana parece querer recuperar el tiempo perdido cuando Albania estaba cerrada al mundo y prácticamente nada se movía.

I Tirana (Tiranë)

La ciudad (557.000 habitantes, 912.000 en todo el área metropolitana o prefectura) se halla en un área plana y fértil a poco menos de 20 km de la costa adriática y el puerto de Durrës con el que tiende poco a poco a formar una conurbación mediante la autopista SH2. Sin embargo hacia el interior la ciudad si tiene limitado el crecimiento ya que se hallan el monte Dajti y sus estribaciones con altitudes superiores a los 1.500 m. Rodeado de una serie de lagunas y embalses su aeropuerto internacional, el único de Albania, se halla al noreste por la carretera SH1 que la une con la otra ciudad importante del norte del país, Shkodra: la autopista lleva en dos horas a Pristina (Kosovo).

▲ Aeropuerto Nene Tereza (Madre Teresa) de Tirana.

Tirana se halla a unos 110 m de altitud y su población supera los 900.000 habitantes, siendo con diferencia la principal ciudad del país ya que concentra 1/3 de la población total de Albania. Tirana crece y se construyen modernos y altos edificios que desdibujan del poco patrimonio histórico artístico que tiene su centro histórico. Pequeño centro muy marcado por la etapa comunista y la precedente ocupación italiana y cuyo epicentro es la plaza Skanderbeg.

La ciudad ha despertado también para el turismo que se dispone a conocer el país, un turismo especialmente joven atraído por la cada vez más notoria oferta de restaurantes y lugares de ocio nocturno, concentrados en parte de lo que fue un barrio cerrado a la Nomenklatura comunista, barrio con un cierto decadente glamour conocido como *Blloku*. Al oeste de la **plaza Skanderbeg**, con los más notorios lugares de atracción turística, se abren las avenidas comerciales o **Rruga** (calle) **e Durrësit** y **Rruga e Kavajës** con sus calles laterales que recuerdan a un desdibujado bazar otomano. Al norte de la plaza se halla la avenida atascada de vehículos: Zogu I, en honor al rey de Albania también dictador, que al contrario de otras dedicadas a los antiguos líderes comunistas mantiene el nombre. Al sur, más turística, está el bulevar **Dësmorët e Kombit** con sus sobrios edificios racionalistas y parques que conducen a la Universidad y la zona de ocio diurno y deporte al aire libre: el **lago artificial de Tirana**.

fi Infopoint
✉ Rruga Ded Fjo Luli, 4
(detrás del Museo Histórico Nacional)
☎ +355 42 22 33 13
🕔 De lunes a viernes
de 8 h a 16 h

fi Visit Tirana
✉ Rruga Bardhyl,
Gogo Nushi 18, Ap. 2
☎ +355 69 207 8553
🕔 De lunes a viernes
de 8 h a 16.30 h,
sábados de 9.30 h a 15 h
🌐 www.visit-tirana.com

◄ La Torre Alban (2023), es uno de los últimos edificios surgidos en la profunda renovación urbana de la ciudad.

El curioso topónimo de Tirana

Con ese curioso significado en castellano que evoca a tiranía, el topónimo tiene una etimología incierta. Algunos autores ven el origen en Teherán, como una nueva Teherán fundada en Europa. Como pasaba con topónimos exportados de Europa a América o Australia por ejemplo Hébridas del Reino Unido y Nuevas Hébridas de Oceanía. Otros lo relacionan con Tirreno por la proximidad del Mar Tirreno. Pero no existen fundamentos claros.

▼ El Bulevar Deshmoret e Kombit (de los Mártires de la Nación) fue lugar de marchas y desfiles militares.

Al este, siguiendo el encauzado riachuelo Lana, se abre el animado **Bulevardi Bajram Curri** y paralelo a él, el **Bulevardi di Gjergi Fisha** (un importante lugar de servicios) que resigue el río también hacia el oeste. Agradable lugar de paseo y también en paralelo a estos bulevares se encuentra la calle **Myslim Shrri,** donde encontrar cafés y restaurantes en lo que fueron antes bloques de pisos comunistas. Por otro lado, partiendo de la plaza Skanderbeg, la calle peatonal o **Rruga Luigi Gurakuqi** conecta con la **Rruga W. Bush** y el puente de los curtidores con sus grises edificios *soviets*, ahora remozados de colores. También conecta con la plaza **Sheshi Avni Rustemi** que es una importante zona de gastronomía y comercio pues aquí se halla el nuevo mercado, y quizá constituye el sector que conserva un ambiente más de zoco en el que perviven pequeños comercios.

Tirana, cuyo topónimo perezca evocar la tiranía que ha sufrido el pequeño país sobre todo durante el siglo xx, estuvo habitada desde los más remotos tiempos al menos en el entorno donde se hallan el P. N. del Monte Dajti, las fortalezas de Preza, hacia Durrës y Petrela, y hacia Elbasan. En el núcleo actual el área más antigua está en lo poco que queda del castillo de Tirana y la zona donde se hallaron los restos romanos que se denominan el Mosaico de Tirana. El castillo, que hoy es un centro de ocio y modernos restaurantes, se denominaba fortaleza de Justiniano de la época Bizantina.

La ciudad moderna se funda en 1614, pero solo era un pequeño núcleo que se iría desarrollando en la época de dominación otomana hasta florecer

al amparo del comercio de materias primas como el aceite de oliva y el tabaco, así como artesanías, en el bazar cercano a la plaza Skanderbeg. De esa época es el símbolo de la ciudad que aparece en el escudo de la urbe: la Torre del Reloj (1820), hoy ya escondida debajo de modernos y altos edificios a un lado de la mencionada plaza. En 1920 es declarada la capital del país como sede de la monarquía que tuvo que pactar con el fascismo italiano.

De este periodo son las grandes avenidas y los sobrios edificios (en parte gubernamentales) que comunican por ejemplo con la universidad al sur. Tirana crecería durante esta época de entreguerras hasta ser ocupada por los nazis en la Segunda Guerra Mundial. Será pues uno de los centros de resistencia de los partisanos que acabaría con la liberación del país y la instauración de un régimen comunista en la figura del ya citado E. Hoxha, que participó en dicha liberación. Con el comunismo se abrieron grandes espacios urbanísticos para el control de la población con la proliferación de pisos de altura media con recintos interiores y divididos en pequeñas parcelas o pisos, la mayoría de las veces sin revestimiento a obra vista. Era una ciudad gris y de marcado aire militar con edificios de culto a la identidad albanesa y el comunismo como lo que es hoy el Museo Histórico Nacional, el Palacio de Cultura, el Hotel Tirana, así como los innumerables búnkers vigilantes de una invasión extranjera que nunca tuvo lugar. La plaza Skanderberg tuvo los monumentos a Stalin, Lenin y Hoxha que acompañaron a la figura mítica de Skanderberg.

La caída del comunismo ha supuesto una constante modernización y reorganización de la ciudad respetando bastante sus amplios espacios verdes y de ocio y recuperando color, así como los nuevos y desmesurados templos de culto religioso (mezquitas y catedrales cristianas) antes prohibidos. Por su parte, la pirámide de culto a Hoxha se ha reconvertido en otra pirámide que es centro de ocio y servicios desde donde se contempla la ciudad y sus alrededores. Las grúas indican que el crecimiento no para, como si se tuviera que recuperar un tiempo perdido en pro del nuevo régimen de consumismo y turismo de masas. El actual presidente y antes alcalde de Tirana Edi Rama, pintor de profesión, contribuyó entre el año 2000 y 2011 a repoblar de árboles los parques de la ciudad (deforestados tras la caída del comunismo) y a dar color y modernidad a la actual Tirana, ciudad que empieza a estar de moda, sobre todo entre la juventud.

▲ Escudo de armas de la ciudad de Tirana, con la emblemática Torre del Reloj.

TIRANA

Estación de autobuses
Estación de trenes
Aeropuerto

Rruga Asim Voksh

Rruga Haxhi Hy

Durrës
Shkodra
Monte Dajki

Rruga e Durrësit

Rruga Mir

Rruga Mys

Bulev

Bulev

Rru

Rruga Sulejman Del

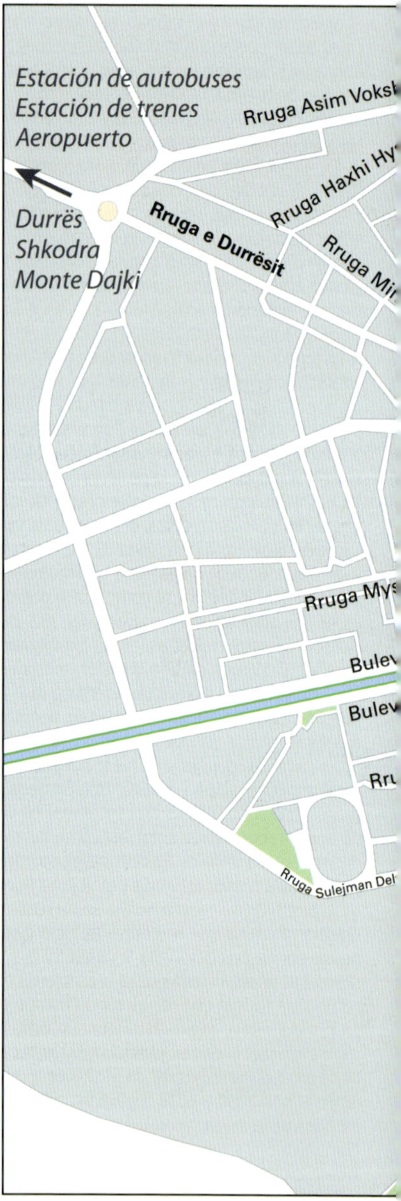

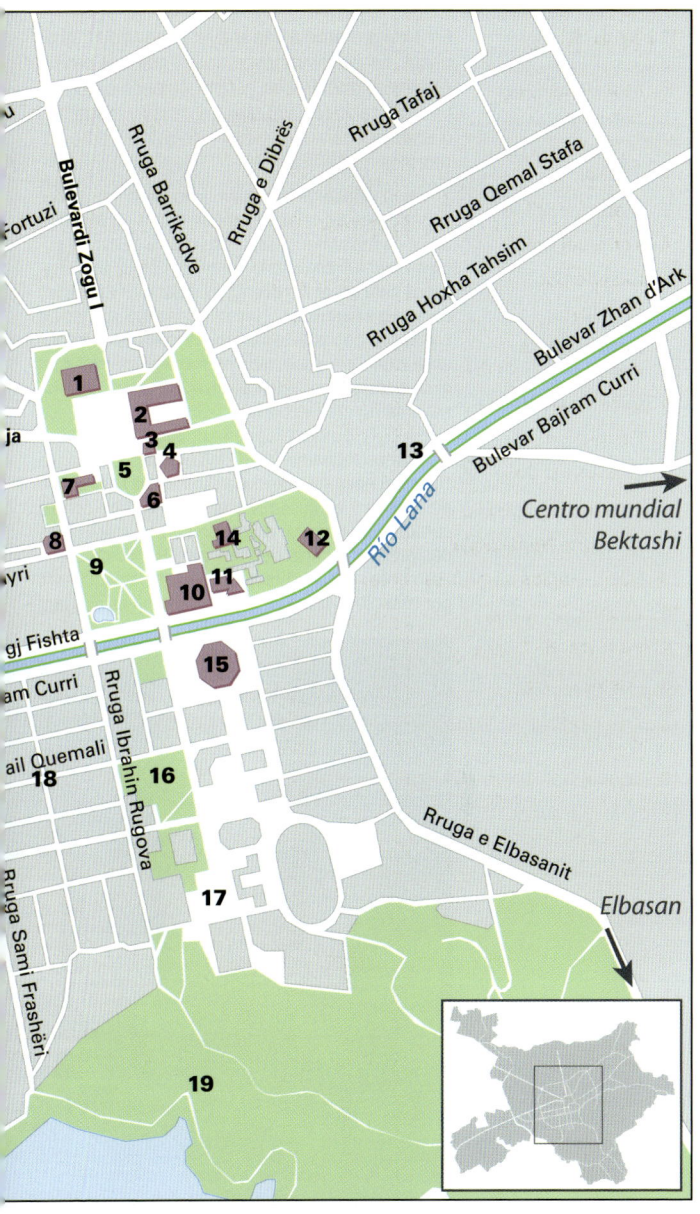

Rruga Tafaj

Rruga Barrikadve

Rruga e Dibrës

Rruga Qemal Stafa

Bulevardi Zogu I

Fortuzi

Rruga Hoxha Tahsim

Bulevar Zhan d'Ark

Bulevar Bajram Curri

13

Río Lana

Centro mundial
Bektashi

ja

1

2
3
4

5

7

6

8

14

12

9

10 **11**

yri

gj Fishta

15

am Curri

Rruga Ibrahin Rugova

ail Quemali

18

16

Rruga e Elbasanit

Elbasan

Rruga Sami Frashëri

17

19

LO QUE HAY QUE VER

En Tirana, como en la mayoría de urbes albanesas, no podemos esperar ver grandes monumentos y menos aún construcciones antiguas.
Las edificaciones actuales son altas y modernas
o enormes templos, tanto mezquitas como catedrales o iglesias.

La capitalidad de la ciudad tiene poco más de un
siglo que es cuando empezaron a construirse
edificios monumentales, sobre todo a partir del gobierno del rey Zogu I que contrató a arquitectos italianos para hacer los diferentes palacetes y edificios
de su administración. Son edificios muy sobrios en
líneas con pocos detalles arquitectónicos al menos en
el exterior, un aire constructivo algo marcial. Con
el comunismo se redefinió algo la ciudad, pero no
se construyeron excesivos edificios aparte de los
aledaños a la plaza Skanderberg que acompañaban
a los hitos monumentales de la ciudad que son la
Torre del Reloj y la mezquita Etehem Bey. El Palacio
de Cultura y el Museo Nacional de Historia con su
característico mural alegórico son las obras más
destacables, aparte del barrio de Blloku no especialmente monumental sino residencial. Aquí está
por ejemplo la villa de E. Hoxha, hoy con un aire fan-

▶ Junto a modernos
edificios, en la plaza
Skanderbeg destacan
la Torre del Reloj y la
mezquita Ethem Bey.

tasmagórico, donde pasó sus últimos años el mandatario. Algunos de los búnkeres que protegían la ciudad son hoy monumentos como el curioso museo Bunk Art I. Pero el interés de la actual capital será contemplar los contrastes de modernidad y tradición con nuevas y novedosas alternativas urbanas como la misma pirámide que proyectó la hija del dictador para recordar a E. Hoxha, hoy reconvertida en excelente mirador y centro de ocio. Tirana ha recuperado sus grandes espacios verdes sobre todo alrededor del Gran Lago, la avenida que lleva a la Universidad, así como los bulevares cercanos al río. A pesar del tráfico cada vez más denso y donde no paran de sonar los cláxons, Tirana es una ciudad acogedora para contemplar, pasear, ir como antaño en bicicleta y disfrutar de los lugares de ocio y gastronomía. Servicios que cada vez ocupan más parcelas del espacio urbano, incluso el interior de lo que fue el castillo de Tirana.

I PLAZA SKANDERBEG ★★★

Es el centro neurálgico y de encuentro de la capital. Este gran espacio irregular, remodelado en 2015 con materiales simbólicamente traídos de todos los lugares donde se habla albanés, es un terreno cada vez más fagocitado por la construcción de grandes

⏱ 52-53

¿Sabías que...?

El vestigio más antiguo de la ciudad es un **mosaico** que se encuentra al oeste y fuera del centro histórico, a un kilómetro de la plaza Skanderbeg por la Rruga e Durrës. Fue descubierto en 1972 y abierto al público en 2010. Pertenecía a una villa agrícola romana datada posiblemente entre el siglo I y el III. El mosaico ilustra diversos motivos geométricos y animales como peces y pájaros.

✉ Calle Mihal Ciko
⏱ De lunes a viernes de 8 h a 16 h
🎫 Entrada libre

hoteles a su alrededor. Se asoman a él la estatua ecuestre del héroe albanés que da nombre a la plaza y que se alza sobre la zona arbolada del conjunto, la mezquita Etehem Bey y la Torre del Reloj o edificios de la época comunista como el Palacio de Cultura, el Hotel Internacional Tirana o el Museo Nacional de Historia. La retocada fachada de este último edificio es uno de los emblemas de Tirana con su bello mosaico de carácter nacionalista y triunfalista. A la plaza desembocan las grandes avenidas comerciales y de ocio de la ciudad, las citadas Rruga e Kavajes, Durrësit (al oeste), Zogu I (al norte), Luigi Gurakuqi (al este) y el gran bulevar Dëshmorët e Kombit (al sur) donde se asoma toda una serie de edificios construidos durante la época de ocupación italiana.

La plaza ha sido escenario de los grandes cambios vividos por Albania, sobre todo en la edad contemporánea donde Tirana juega el papel ser la capital del país. Aquí estuvo a punto de ser asesinado el rey Víctor Manuel I de Italia (por aquel entonces también de Albania), se construyeron y derribaron las grandes estatuas comunistas a Stalin, Lenin y Hoxha, dieron discursos el mismo Hoxha pero también su eterno enemigo el secretario de estado de los EE. UU. o el propio George W. Bush. Incluso Leka II, el controvertido personaje y nieto sucesor del rey Zogu I intentó reorganizar la monarquía en tiempos convulsos y de difícil gobernabilidad del país. Es peatonal y sigue siendo lugar de encuentro y paso de locales y turistas y en ella se organizan conciertos, exposiciones, actuaciones folclóricas espontáneas… y afortunadamente solo es transitada por personas y por bicicletas, el medio de transporte más común de la Albania comunista.

La plaza está dedicada al héroe albanés que se reveló contra el poder otomano, Skanderbeg, que orgulloso y altivo luce en una **estatua ecuestre** que es idéntica también a la que hay en el centro de Pristina (capital de Kosovo). La realista obra en bronce, de 11 m de altura sobre pedestal, es de Odhise Paskali y se levantó en 1968 conmemorando el quinto centenario de la muerte del guerrero. Es la única que pervive, pues convivió con enormes estatuas de líderes comunistas, hoy derribadas, como la de Stalin, Lenin o Hoxha. De aquella época son el **Museo Histórico Nacional** (▶26; Diez lugares inolvidables), el **Banco Nacional** y el **Hotel Internacional de Tirana**, construido en 1978 sobre la destruida catedral ortodoxa y durante mucho tiempo el mejor de Albania como demuestra su interior, con una renovada decoración de pompa comunista. El

▼ Estatua ecuestre del héroe nacional Skanderbeg.

▲ Sede del Ministerio de Agricultura junto a la plaza Skanderbeg y al fondo la Torre del Reloj.

hotel fue también el edificio más alto de la ciudad hasta la construcción en los alrededores de rascacielos mucho más altos y modernos. Antes de este edificio la Torre del Reloj era la más alta de la ciudad, cuando Tirana todavía no era la capital del país y la plaza era un discreto lugar de comercio e intercambio a modo de bazar.

De líneas funcionales con fina columnata acristalada es el **Palacio de la Cultura** que se construyó en el 1963 sobre el viejo bazar. Su primera piedra la puso simbólicamente Nikita Kruschev cuando las relaciones con la Unión Soviética eran buenas y el régimen albanés no se abrazaba todavía a los chinos, que de hecho acabaron el inconcluso edificio. Es sede del Teatro Nacional de la Ópera y Ballet, así como de la Biblioteca Nacional (tiene una de las mejores librerías del país: *Adrion*), además de lugar de exposiciones. Completan el espacio el discreto edificio del **Ayuntamiento**, así como edificios de diferentes ministerios que se abren hacia la avenida que va a la Universidad: el **Bulevar de los Mártires de la Nación** (Dëshmorët e Kombit). Este bulevar, espacio de paseo, fue denominado Viale del Impero y aquí se celebraban las grandes marchas y desfiles militares en el casi kilómetro y medio que une la plaza Skanderbeg con la Universidad.

Palacio de la Cultura
🕐 52-53
✉ Sheshi Skënderbej
☎ +355 42 22 74 71
🕐 Biblioteca abierta de lunes a viernes de 9 h a 20 h; sábado y domingo de 8 h a 14 h
🌐 www.tkob.gov.al

Librería Adrion
🕐 52-53
✉ Sheshi Skënderbej
☎ +355 42 22 62 56
🕐 Abierta todos los días de 8 h a 22 h
🌐 www.adrionltd.com

▲ Interior de la mezquita Et'Hem Bey.

🕐 52-53
✉ Sheshi Skënderbej
🕐 Abierta todos los días de 9 h a 12 h y de 14 a 16 h, salvo el horario de oración; los viernes está abierta de 14.30 h a 16 h

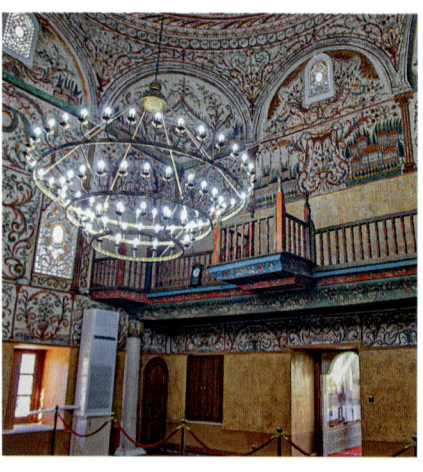

❘ MEZQUITA DE ET´HEM BEY　★★

Es uno de los pocos edificios religiosos que respetó el comunismo en su etapa más antirreligiosa cuando Albania se convirtió oficialmente el único estado ateo del mundo. La obra se inició en 1789 por el otomano y líder espiritual Molla Bey de Petrela, junto al desaparecido bazar y fue acabada en 1821 por su hijo Haxhi Et´hem Bey, de quien recibe el nombre.

El lugar es un remanso de paz que respetaron los fascistas y comunistas, una bella obra de arte policromada tanto en su exterior como interior con escenas que nos recuerdan a la vieja capital del imperio otomano, Estambul, así como a la capital religiosa musulmana, La Meca. Las dos salas de oración se pueden visitar después del horario de rezo pagando un donativo. La más interesante es la recogida sala interior donde está el *minbar* de madera donde el imán da los rezos y discursos del viernes así como el *mihrab* u hornacina donde se guarda el corán y que indica la dirección de rezo hacia La Meca. Un pequeño balcón de madera está reservado a las mujeres que pueden observar más de cerca las idílicas pinturas de la cúpula.

La sala exterior se rodea de 14 arcos y 15 columnas, hoy acristaladas donde se halla la pared policromada con motivos florales (las representaciones humanas están prohibidos por el Islam) y la *alquibla* dirección donde rezar hacia La Meca. Fue abierta al culto en enero del 1991 sin previo permiso de las autoridades por una impresionante multitud de unas 10.000 personas.

I **TORRE DEL RELOJ** ✳

Es una sencilla construcción casi adosada al ayuntamiento, cuya sede será trasladada en 2025, y a la mezquita de Et´hem bey. Es uno de los edificios en pie más antiguos de la ciudad pues se construyó a la vez que la mezquita y por el mismo Et´hem Bey. Tuvo inicialmente una campana veneciana. En 1928 se añadió un reloj alemán sobre el balconcillo y cubierto con cúpula piramidal, en total 35 m de altura. Antes mirador, ahora está cada vez más disimulada por rascacielos muy cercanos. La torre es visitable y tiene un pequeño museo de relojes. Ha sufrido varias restauraciones siendo la última en 2016. Bajo la Torre del Reloj inicia un paseo peatonal arbolado que da a la bonita plaza **Avni Rustemi** con sus ajetreados mercado de verduras o verde (*markata e gjelber*) y el de pescado, así como la **mezquita de Kokonoz**. Este barrio del **Nuevo Bazar** (*Pazari i Ri*), construido en 1931, se remodeló en 2016 y se modernizó perdiendo en parte su identidad. Es un lugar ideal para comer o tomar un café dada la oferta de sus numerosos establecimientos.

🕐 52-53
✉ Rruga 28 Nëntori
☎ +355 42 24 32 92
🕐 Abierta todos los días, salvo el domingo, de 9 h a 18 h
🎫 100 leks

I **TEATRO DE LAS MARIONETAS** ✳
(TEATRI I KUKULLAVE)

Junto al edificio de corte comunista que hace esquina en la plaza Skanderbeg, sede del Banco Nacional, se halla este viejo y curioso Teatro de las Marionetas, un atractivo para los más jóvenes. Se halla en una antigua villa construida por los austriacos en 1916 para ser sede del Parlamento albanés en 1925, después se convierte en sede del Partido Comunista en 1944. Desde 1950 y ya en la época comunista es sede de los titiriteros del Teatro Nacional que organiza un festival internacional de marionetas en mayo. Cerca en la plaza un viejo carrusel de feria. Ofrece más de 500 representaciones al año con actores, títeres, mimos y máscaras. Muy concurrido los fines de semana.

🕐 52-53
✉ Rruga Çamëria
☎ +355 42 23 44 73
🕐 Abierto todos los días de 8 h a 20 h

▼ Banco Nacional en la plaza Skanderbeg y al lado el antiguo carrusel.

► Cúpula de la catedral ortodoxa con la representación del Cristo Pantocrator.

🕐 52-53
✉ Rruga Ibrahim Rugova, 1
☎ +355 423 50 95
🌐 orthodoxalbania.org
🕐 Todos los días de 9 h a 14 h y de 16 h a 19 h

❚ CATEDRAL DE LA RESURRECCIÓN DE CRISTO

Se trata de un llamativo y enorme edificio situado entre los edificios de ministerios de la época fascista italiana, concretamente entre el Ministerio de Defensa y el de Hacienda. Constituye la catedral ortodoxa de Albania; su moderna construcción con torre de 26 m que parece una gran vela encendida data de 2012 y su excesivo coste, financiado esencialmente por la diáspora, es una paradoja siendo Albania uno de los países más pobres de Europa. Sustituye a la catedral ortodoxa destruida durante el comunismo que databa de 1865. Dirigida por arquitectos estadounidenses, su interior es muy amplio e impresionante con una cúpula de 23 m de alto y nada más y nada menos que 26 m de diámetro con la figura de Cristo. La construcción esta enmarcada por el moderno rascacielos **4-Ever Green Tower** de 85 m de altitud.

■ CASA DE LAS HOJAS (SHTËPIA E GJETHEVE) **

Es uno de los nuevos museos abierto en 2017, un hito como el Bunk´Art 2 o el Memorial del Aislamiento Comunista, para comprender la historia no tan lejana de Albania, una etapa oscura, la del comunismo, con la que los albaneses han de reencontrarse. La memoria histórica es la mejor arma para corregir o evitar situaciones que prohíban derechos y libertades.

La Casa de las Hojas es el nombre poético de esta lúgubre y enigmática construcción que en realidad era la casa de las escuchas por la función que tuvo entre 1944 y 1991 albergando a la Gestapo, pero luego al Servicio de Inteligencia Secreto del Régimen de E. Hoxha conocida popularmente como *segurimi*. La curiosa e interesante exposición se desarrolla en nueve secciones mediante 31 habitaciones distribuidas en dos plantas y conectadas con la peculiar lógica del museo. Inicialmente una maternidad fue donde nació Leka Zogu I, hijo del rey Zogu I y que solo pudo vivir dos días en Albania pues vino la invasión de Mussolini y debió de emigrar a España.

El siniestro emplazamiento era un lugar de escucha y espionaje a los albaneses, pero también de interrogatorios y torturas. Posteriormente se controlaría la correspondencia y las llamadas telefónicas, no solo de albaneses sino también de los extranjeros alojados en los tres hoteles Arbëria, Dajti y Tirana Internacional en los que se colocaron infinidad de micrófonos en los más insospechados lugares. Hasta 2003 siguió siendo utilizada por los reformados

● ● ● ● ● ● ● ● ●

⊙ 52-53
✉ Rruga Deshmoret e 4 surtí
☎ +355 42 22 26 12/
  +355 699 676 116
⊙ Todos los días, excepto lunes, de 10 h a 16 h, domingo de 10 h a 15 h
🖰 www.muzeugjethi.gov.al
🖫 700 leks

¿Sabías que...?

Para los amantes de la historia del comunismo se recomienda visitar el complejo textil **Kombinat Stalin**, ubicado en el extremo oeste de la ciudad siguiendo la Rruga Kavajës. Construido en la década de 1950 su entrada se hacía mediante dos torres bajo las cuales estaba la estatua de Stalin de la que resta el pedestal. Se construyó un barrio obrero para los trabajadores de esta colonia textil, la más grande de Albania. Hoy es un barrio con bastantes problemas sociales donde poco queda de las construcciones originales: la biblioteca o el teatro.

▼ Casa de las Hojas.

▲ Interior del moderno centro comercial de Toptani.

● 52-53

● 52-53
✉ Rruga Abdi Toptani
☎ +355 67 207 29 05
⏰ Abierto todos los días de 10 h a 19 h
🖥 bunkart.al
💰 500 leks

▼ Entrada al Bunk'Art 2.

servicios de inteligencia del país. Destaca la sala número 10 dedicada al micrófono, la 18 que trata del enemigo externo o la 29 que es un antiguo laboratorio de análisis médico para detectar por ejemplo sustancias químicas o veneno en documentos o envíos de correo.

CASAS OTOMANAS DE LOS TOPTANI/ CASTILLO DE TIRANA

Se trata de dos de los pocos monumentos de la etapa otomana. Casas que pertenecieron a la familia Toptani de la vecina localidad de Kruja, familia que por árbol genealógico está emparentada con el rey Zogu I. La primera es de 1837 albergaba un bar restaurante que misteriosamente se quemó en 2021 al parecer pasto de la especulación urbanística. La segunda se encuentra en la cercana calle Murat Toptani que muestra todavía algunos frescos. Cercana también está la fortaleza o **castillo de Tirana** del que se observan muros y algunos arcos. Formaba parte del sistema defensivo, pero en la parte más llana y en la propia ciudad (castillos vecinos de Petrela, Preza, Ndroqit). Fue una fortaleza construida por Justiniano para defenderse de los ilirios. Hoy es un lugar de ocio y alberga modernos comercios y excelentes restaurantes.

En la zona se halla la **tumba a Kapllan Pachá** casi escondida por el moderno edificio TID. Con 8 columnas y 4 m de altura fue construida para el gobernador o pachá de Tirana en 1819 y cuenta con una curiosa historia ya que el pachá fue envenenado por su propia hija. Su cuerpo fue trasladado a Constantinopla, por lo que la tumba está vacía.

BUNK'ART 2

Se ubica a poca distancia de la plaza Skanderbeg y la Torre del Reloj y es un museo subterráneo bajo un búnker. Ocupa las profundas salas donde estuvo el Ministerio de Interior que fue a su vez refugio antiaéreo. Unos pasillos comunican los 19 espacios de esta miniciudad subterránea que interconectaba edificios oficiales para así mantener en secreto movimientos de dirigentes y militares. El museo es una exposición fotográfica, sonido e imagen con documentos gráficos de testimonios sobre la represión en el régimen comunista. Existen también celdas y salas de interrogatorio que indican el grado de obsesión del líder y el régimen de terror al que podía someter a la población. Es una exposición algo redundante, más si se ha visitado la Casa de la Hojas o el otro Bunk Art1 ubicado a las afueras de Tirana.

▌ GALERÍA NACIONAL DE ARTE ✴

Se trata de una magnífica exposición donde el componente más destacado es el arte realista soviético y de cómo el arte puede utilizarse como propaganda y afirmación de un poder determinado, en este caso el régimen comunista y personalista de E. Hoxha (salas 3, 4 y 5). La exposición comienza con pinturas de finales del siglo XIX de carácter no religioso (temas esencialmente etnográficos e históricos) y acaba con pinturas más actuales y vanguardistas entre las que se exponen algunas del actual primer ministro Edi Rama, artífice en parte del moderno y colorista aspecto de Tirana. Como curiosidad se puede ver su obra cubista denominada *Anochecer en Kosovo* de 1989. Destacar también la primera sala con obras realistas de Pietro Marubi (1834-1903), la segunda de la Escuela de Arte de Tirana con obra de Odhise Paskali, el creador, entre otras, de la estatua de Skanderbeg. En total un paseo por 6 salas y 6 etapas pictóricas de autores locales con exposiciones temporales que se pueden consultar en la web de esta galería situada en un gran edificio de factura típicamente comunista. Para los más frikis nostálgicos detrás del edificio se hallan las estatuas de Stalin y Lenin que se desmontaron de la plaza Skanderbeg en 1991.

◉ 52-53
✉ Shëtitorja Murat Toptani
☎ +355 42 22 60 33
◔ Todos los días, de 9 h a 14 h y de 17 h a 19.30 h
🖥 galeriakombetare.gov.al
🎫 200 leks

▲ Sala de la Galería Nacional de Arte que muestra obras de la época comunista.

► Moderno edificio (2001) de la Catedral católica de San Pablo. En la otra página, aún más moderna (2023) es la Gran Mezquita de Tirana.

• • • • • • • • •
🕐 52-53
✉ Bulevardi Zhan d'Ark
☎ +355 42 23 46 55
🕐 Todos los días de 7 h a 19 h; en verano, de 8.30 h a 12.30 h y de 17 h a 19 h
💻 www.facebook.com/ KatedraljaeShenPalit

❚ CATEDRAL CATÓLICA DE SAN PABLO

Al parecer San Pablo habría fundado una primera comunidad cristiana en el siglo I en el norte del país y ya había una vieja catedral con su nombre en el castillo de Shkodra. Esta construcción es un curioso edificio moderno (1998-2001) con una portada discreta en comparación a su interior. Inspirada en la arquitectura brutalista, muy común por otra parte en el comunismo con la realización de figuras nacionalistas, partisanas, apología de la Patria… La parte más vanguardista del edificio reside justo en la parte posterior, con una estructura triangular que desciende hasta el suelo. Es símbolo de la Santísima Trinidad pero también quiere simbolizar la unión de las tres religiones del país: musulmana sunita, cristiana católica y ortodoxa. De hecho en Albania existe una buena convivencia religiosa ya que predomina más el valor de nación o patria que el valor religioso. La catedral contrasta con el moderno rascacielos cercano MET Building de 49 m de altitud.

Los católicos superan por muy poco a los ortodoxos de ahí las visitas de los dos últimos papas, Juan Pablo II y Francisco, así como de la misma Madre Teresa de Calcuta que tiene una estatua junto a la catedral.

• • • • • • • • •
🕐 52-53
✉ Rruga George W. Bush, 50
☎ +355 42 23 04 92
🕐 Acceso libre durante todo el día salvo durante las horas de la oración

❚ GRAN MEZQUITA DE TIRANA O MEZQUITA NAMAZGJAH   ✱

De enorme estructura, se observan sus cuatro espigados minaretes de 50 m de altitud y monumental cúpula que nos recuerda a las mezquitas otomanas de Estambul tipo Santa o *Agia* Sofía. En parte la construcción iniciada en 1992 y acabada en el 2023 fue financiada por Turquía para atraer a la mayoría sunita del país, siendo la más grande de los Bal-

canes. Se alza en el mismo emplazamiento donde estaba la mezquita principal de Tirana hasta que se destruyó en 1944 en la batalla de liberación de la ciudad. Cuenta con dos salas de oración cubiertas por una cúpula de 30 m de altura pudiendo acoger a 2.500 fieles (por los 60 de la tradicional mezquita de Et'hem Bey), una biblioteca, diez salas de enseñanza coránica y un pequeño museo exposición que aboga por el entendimiento de las diferentes confesiones del país. En el jardín cercano protegido por vallas está el discreto edificio del **Parlamento Albanés** (1924), de la época de la ocupación italiana. Cercano hay un monumento a F. Noli, el que fue primer ministro del país en 1924.

I PUENTE Y MEZQUITA DE LOS CURTIDORES ✳

Se trata de un sencillo puente peatonal que atraviesa el antiguo curso del río Lana, el único que se conserva en la capital de la época otomana (siglo XVIII). Su nombre en albanés, *tabakë,* designa un viejo gremio que agrupaba a carniceros y curtidores. El rudimentario puente de piedra es muy poco elevado y tiene 8 m de longitud apoyado sobre tres arcos. Su espacio inmediato acogía el lugar donde llegaban ganaderos del interior del país; hoy se ha subsanado y se ha construido un estanque artificial. Al igual que la cercana mezquita que utilizaba este gremio, contrasta con los edificios obreros comunistas que rodean la zona hoy remozados con vivos colores. La mezquita, también del mismo siglo, fue semidestruida por un rayo en 1927, restaurada pasó a ser un almacén en la época del ateísmo de E. Hoxha. Reabierta al culto en 1990 se le añadió un alto minarete y se puede visitar fuera de las horas de oración.

🕐 52-53

⏱ 52-53

Museo de las Mujeres

✉ Rruga Myslym Shyri, ed. 4
entrada 16 apartamento 8

⏱ L-V de 10 a 14 h y de 16 a
18 h. Sábados de 11 a 17 h.
Domingos de 10 a 14 h.

🖥 www.womenmuseum
albania.com

💰 500 Leks

▌ PARQUE RINIA

Precedido de un área arbolada se encuentra este parque centrado en un pequeño estanque y el curioso edificio del Centro Taiwan. Creado en 1950 era centro de la vida social en los límites del vecino barrio de **Blloku** (lugar vigilado y exclusivo donde vivía E. Hoxha y la élite comunista). El parque, como su nombre indica, está dedicado a la juventud (*rinia*) junto al río Lana en el que coinciden cuatro ejes viarios de la ciudad, entre ellos la calle comercial Myslym Shury, al norte. Justo en esta calle, en un apartamento privado, se abrió el museo dedicado a la mujer en 2018 por la periodista Elsa Ballauri.

El **Centro Taiwan** se construyó en 2002 supuestamente como hito de cambio y florecimiento de la nueva era urbana de Tirana: alberga cafés, restaurantes y casino que ya quedan anticuados con la modernidad que ofrece el mencionado y vecino Blloku. Siempre castigado por grafitis se halla el **Memorial a la Independencia**, monumento que se hizo para celebrar el centenario de la independencia albanesa en noviembre de 2012. Su imponente estructura ilustra un libro y una enorme águila bicéfala que quiere simbolizar a la *kulla* o torre de resistencia clásica del norte de Albania.

⏱ 52-53

▼ La Pirámide de Tirana es un excelente mirador.

▌ PIRÁMIDE DE TIRANA ✱

Después de un periodo de abandono, llena de grafittis y peligroso lugar de escalada y juego para los niños, fue convertida desde 2023 en lo que ahora es un fantástico mirador a la ciudad y un centro de

tecnología e innovación (*www.piramida.edu.al*). El curioso edificio que tiene forma de estrella se realizó por iniciativa de la hija arquitecta de E. Hoxha que quiso hacer aquí el mausoleo de su padre y museo con objetos y regalos del dictador. Con la caída del régimen el edificio tuvo diferentes funciones: Centro Cultural Arbnori (nombre del "Mandela de los Balcanes" o escritor que se opuso al régimen comunista), base logística de ONG en la guerra de Kosovo, sede de cadena de televisión e incluso discoteca irónicamente conocida como la Momia.

En la parte que da al río se halla la **Campana de la Paz** que se construyó gracias a la aportación de niños de la ciudad que recogieron miles de cartuchos de proyectiles que se utilizaron durante la crisis de 1997. Crisis provocada que supuso la quiebra de las sociedades piramidales alentadas por el gobierno de Sali Berisha, opositor a los comunistas y del entonces recién creado Partido Socialista que actualmente está en el poder.

▲ La Campana de la Paz.

I BULEVAR DE LOS MÁRTIRES DE LA NACIÓN ✳

⏱ 52-53

Esta avenida de aire marcial que parte al sur de la plaza Skanderbeg y atraviesa el puente sobre el río Lana lleva a la plaza Madre Teresa de Calcuta y a la Universidad. Pasado el río Lana y la Pirámide muestra lugares interesantes como el Parque Ismail Qemali o el Museo Nacional de Arqueología. En esta avenida se han abierto modernos hoteles como el Boutique Hotel Kotoni o el Rogner, considerado el mejor hotel de la ciudad. A un lado de la gran plaza de la Madre Teresa de Calcuta se abre el vistoso y rojo estadio nacional.

En el **parque Ismail Qemali,** nombre del fundador del estado moderno albanés, se alza el **Monumento del Aislamiento Comunista** compuesto por un trozo del muro de Berlín y un búnker que vigilaba la entrada al exclusivo barrio de la *nomenklatura* comunista Blloku, hoy lugar de moda. En este parque

---

I El barrio Blloku

Ubicado a un lado del Parque Ismail Qemali y con una superficie de unas 25 ha se halla este distrito otrora reservado para la élite comunista y donde está la abandonada vivienda de E. Hoxha que se puede contemplar desde un bar restaurante contiguo que recibe el nombre de *Villa 31*. Era un espacio vigilado y herméticamente cerrado a la población desde 1961 hasta 1991. Hoy Blloku paradójicamente es uno de los lugares más capitalistas y cosmopolitas de Tirana, conocido por sus animadas noches y su evidente despilfarro. El distrito está descrito en la novela *Los Perdidos* del famoso escritor albanés Fatos Kongoli (editado en España por ediciones Siruela, 2013).

también se halla el palacio presidencial o antigua embajada soviética y la casa de Mehmet Sheehu (mano derecha de E. Hoxha y asesinado al parecer por desavenencias con el líder).

El **edificio de la Lugartenencia**, que es despacho del primer ministro, se reconoce por el bajorrelieve obra, como el Grand Hotel Dajti y la Universidad, de Gerardo Bosio, máximo exponente de la arquitectura del fascismo. A la izquierda del hotel Rogner se halla el Palacio de Congresos, el último edificio oficial construido en la época comunista. La rebautizada plaza Madre Teresa (*Nënë Tereza*) está flanqueada por la inequívoca fachada de la **Universidad Politécnica** (antigua Casa del Fascio italiano), la Academia de la Artes y el **Museo Arqueológico**. Aunque la piezas expuestas son interesantes y proceden de los diferentes sitios arqueológicos del país, el espacio museístico se tendría que modernizar pues además es uno de los museos más antiguos del país.

En un lateral de la plaza Madre Teresa se puede observar la moderna construcción del **Estadio Nacional** inaugurado en 2019 que, con su característico color, evoca a la bandera de Albania. El Arena Kombëtare tiene capacidad para 22.500 espectadores, llegando hasta 30.000 en conciertos. Conforman el conjunto el hotel Marriot y un centro comercial.

I GRAN PARQUE ✳

🕐 52-53

Se trata del pulmón verde y esparcimiento de la ciudad con 230 ha que incluyen un lago artificial situado justo detrás de la Universidad. Los numerosos chiringuitos construidos ilegalmente en 1990 han sido sustituidos por unos cuantos agradables bares y locales. El parque es ideal para pasear, hacer deporte, tomar algo o comer en alguno de sus restaurantes. Tiene varios monumentos alrededor de su gran estanque como el monumento al antifascismo y el monumento a los hermanos Frashëri (famosos escritores del Movimiento Nacional Albanés contra los otomanos) que diseñó el ya citado Odishe Paskali. Más actual es el monumento a los caídos alemanes, cuyo cementerio es contiguo al británico, o soldados que ayudaron a Albania durante la ocupación nazi de la Segunda Guerra Mundial. En 2020 se hizo otro memorial al Holocausto junto a la iglesia de San Procopio en el punto más elevado del parque.

▼ Zona de restaurantes junto al lago del Gran Parque de Tirana.

Al sur del parque se halla el **Jardín Botánico** y el **Zoo**, afortunadamente renovado en 2023. Al sureste del Gran Parque en la carretera a Elbasan se halla el **Cementerio de los Mártires de la Nación**. Aparte de la tumbas de los 28.000 combatientes abatidos en la Segunda Guerra Mundial cuyas tumbas más relevantes son las de los miembros comunistas, el cementerio tiene una gran escultura alegórica dedicada a la Madre Albania, así como el discreto mausoleo de Enver Hoxha. Frente a la colina del cementerio y en la citada carretera a Elbasan se halla un monumento y parque poco visitado: el **Palacio de las Brigadas,** un edificio sencillo pero monumental diseñado por el italiano Julio Berté y construido entre 1936 y 1941 cuando fue inaugurado por Víctor Manuel III. Fue residencia de la familia real albanesa hasta la invasión italiana. Hoy su parque de 74 ha es un desconocido lugar de gran valor natural con unos 70 tipos de árboles. Está abierto al público todos los fines de semana de 9 h a 16 h en invierno y de 9 h a 20 h de mayo a septiembre.

▌ PARQUE NACIONAL DAJTI ✶✶

Al este de núcleo urbano se abre una cordillera que supera los 1.300 m (M e Dajtit 1.613 m, Miçeku i Shënmërisë 1.828 m). Se trata del área verde ideal para el esparcimiento de los habitantes de la capital, sobre todo en el soporífero verano. Atractiva es la existencia de un teleférico que asciende hasta más de 1.000 m con unas vistas inmejorables al cada vez más extenso casco urbano capitalino. Desde donde nos deja el **teleférico** hasta la cumbre solo quedan unos 600 m que se realizan en una excursión no difícil en medio de un fresco bosque frondoso. La

Teléferico
- ✉ Rruga Mahmut Allushi, 56
- ☎ +355 67 401 10 35
- 🕐 Todos los días de 9 h a 19 h (hasta las 21 h en verano)
- 🌐 www.dajtiekspres.com
- 🎫 Ida y vuelta: 850 leks

▼ Teléferico del Parque Nacional Dajti.

zona tiene diferentes restaurantes donde los locales suelen disfrutar los fines de semana de excelentes asados. Como suele ocurrir con los parques nacionales albaneses no tiene infraestructura aparte de las indicaciones de las excursiones que nos permiten disfrutar de un entorno natural sorprendente, más aún al estar tan cerca de la urbe. Entre los bosques de hayas y robles vive todavía una rica fauna donde todavía hay osos y gatos monteses.

Aquí se hallan las fuentes del río Tirana que pasa al norte de la localidad, este río es atravesado por el **puente Brari**, uno de los numerosos ejemplos de puentes otomanos de la variada geografía albanesa. Más al norte se halla el **lago Bovilla**, uno de los diversos lagos de la zona que nutre de agua a la capital. Tiene buen acceso y las vistas son muy fotogénicas. Para los amantes de los saltos de agua hacia el paso de Priska se halla la **cascada de San Jorge** o *Ujëvara e Shëngjergjit* con una caída de 30 m de altura y zona de picnic. A escasamente 30 km de Tirana, se accede por la carretera SH54.

CASTILLO DE PETRELA Y PREZA ✱

Forman parte de las fortalezas que se construyeron tras la alianza militar de señores albaneses y serbios contra los otomanos en lo que se conoce como la Liga de Lezha (1444). El **castillo de Petrela** se halla a unos 15 km de Tirana en dirección a Elbasan. Su ubicación es prácticamente inexpugnable en un empinado saliente pétreo que domina un amplio territorio adivinándose a lo lejos la expansión urbanística de Tirana que por sus altos edificios cada vez se parece más a un Singapur o un Dubai. Su origen se remonta al siglo VI d. C. pero se conservan los

Dajti Adventure Park
☎ +355 67 401 10 35
🕐 Todos los días de 9 h a 17 h en verano (cierran de noviembre a abril)
🌐 www.dajtiekspres.com

🕐 Desplegable

▼ Los muros del siglo XV del castillo de Petrela.

Restaurante Kalaja e Petrelës
☎ +355 68 231 83 33
🕐 Todos los días de 10 h a 22 h
🌐 www.kalajapetreles.
mystrikingly.com

Restaurante Kalaja e Prezës
☎ +355 69 216 35 36
🕐 Todos los días de 9 h a 22 h
🌐 www.fb.me/Prezionsat

• • • • • • • • •

🔄 Desplegable

▼ Bazar de Kruja.

muros de la parte medieval del siglo xv. En su parte superior se ha construido un acertado restaurante mirador cubierto de madera que simula las construcciones de aquella época. En las cercanías hacia la autopista a Tirana se puede visitar una torre que es una vieja tumba iliria. El **castillo de Preza** se halla en dirección a Durrës, cerca del aeropuerto. Se levanta en un espacio panorámico privilegiado constituido por un prado a unos 250 m sobre el nivel del mar. Tiene una bonita mezquita adosada del siglo xvi y un agradable restaurante. Más complejo que el anterior, es de planta pentagonal rematada por 4 torres circulares y una torre de vigilancia. Las dos fases históricas de su construcción son similares al anterior. Ambos castillos son de entrada libre.

La dos fortalezas están ligadas a Mamica, hermana de Skanderbeg, ya que en la primera residió y en la segunda al parecer contrajo matrimonio con Muzaqë Thopia, su noble propietario; ambas familias lucharon contra los otomanos.

▌ KRUJA (KRUJË)   ***

Con 20.400 habitantes, al norte de Tirana se halla lo que fue la vieja capital de tierras albanesas en la época medieval. Feudo del héroe albanés Skanderbeg, destaca por el museo homónimo, la vasta ciudadela y el bazar. Desgraciadamente se han construido altos edificios en el entorno inmediato, afeando totalmente lo que es un excelente conjunto monumental. Pero aquí se optó por un irrefrenable turismo de masas y sus consecuencias. Si se atina a subir al casco urbano con vehículo, al final se llega a una bonita calle que comienza con una mezquita. Se trata del **bazar** con sus casitas de teja, talleres y

▲ Vista nocturna del
castillo, actualmente
en restauración.

tiendas donde adquirir productos típicos albaneses,
algunos poco auténticos, otros, como las alfombras
y *kilims*, más originales, y donde es un clásico el
regateo. El viejo bazar rehabilitado en los años 60
conserva su trazado alargado con adoquines y pequeñas tiendas de madera. Los establecimientos
suelen tener abierto de 8 h a 20 h, reduciendo el
horario de apertura en invierno. Su trazado conduce
al castillo que se halla a unos 600 m de altitud parapetado por una cordillera montañosa algo elevada.

El **castillo** es de hecho una ciudadela que supera las 2 ha donde se han establecido algunos
alojamientos, pero que entre sus derruidas calles
se puede observar los restos del minarete de una
mezquita, un precioso y característico *tekke* en
proceso de restauración, un contiguo hamman, la
característica torre del castillo, también en proceso
de rehabilitación, el Museo Etnográfico y el Museo
Nacional Skanderbeg. Destacable es el mencionado
tekke Dollma de la orden bektashi construido en
1789 y uno de los más originales y antiguos del
país. Al tekke se accede por un pequeño puente
de piedra y tiene un exiguo cementerio y la tumba
(*turbe*) del babá o padre espiritual. El edificio (cerrado por reformas) es característico por su techo en
forma de cúpula que protege un espacio decorado
con alfombras y motivos arabescos. Sigue siendo
propiedad de la saga de los Dollma. En los alrededores hay diseminados más tekkes destacando el
rupestre del darviche **Sari Saltlitik** a unos 3 km
caminando desde el bazar o, siguiendo la ruta en
coche, a unos 7 km.

• • • • • • • • • •

Museo Etnográfico Nacional
✉ Kalaja e Krujë
☎ +355 51 12 44 85
🕐 Todos los días, salvo el lunes, de 9 h a 18 h (hasta las 16 h en invierno)
💶 300 leks

Museo Nacional Skanderbeg
✉ Kalaja e Krujë
☎ +355 511 22 25
🕐 Todos los días, salvo el lunes, de mayo a octubre de 9 h a 19 h; resto del año de 9 h a 14 h y de 16 h a 19 h; domingos de 9 h a 19 h
🌐 www.muzeumetkruje.gov.al
💶 300 leks

El **Museo Etnográfico Nacional** es por su lado uno de los más representativos de Albania, ubicado en una bella casa otomana, representa como vivía una familia albanesa en los siglos XVIII-XIX. En este caso una de las más ricas y conocidas del país, los Toptani también con propiedades en el centro de Tirana. Su estructura es un patio, una primera planta reservada al servicio y al ganado y una segunda a la familia, destacando el hamman y la cocina. Todas las salas presentan una importante exposición de objetos, entre las que despunta la sala donde se muestran trajes tradicionales del país.

Por su parte el **Museo Skanderberg** se alza una vez pasada la puerta y túnel de acceso a la ciudadela como una enorme construcción de tres plantas dedicada al patriota Gjergj Kastrioi o Skanderbeg. Aquí se se muestran copias de mobiliario, armas, blasones del héroe así como pinturas que ilustran

▶ Representación escultórica del héroe nacional Skanderbeg.

su vida. Destaca el conjunto monumental en yeso realizado a la entrada; la controvertida obra la diseñó la hija de E. Hoxha en 1982. La sala inferior, quizá la más interesante, muestra piezas originales de la época iliria. Del amplio recinto dispuesto en pendiente, con una fenomenal terraza panorámica, destaca la torre de defensa o vigilancia techada y reconstruida en diversas ocasiones. El castillo en sí, en la parte superior fue ya una importante fortaleza iliria en el siglo IV d. C., que divisaba y controlaba el mar ya que los ilirios eran excelentes navegantes y también temidos piratas. Fortaleza medieval reconstruida en el siglos XIII por Carlos de Anjou, tuvo su esplendor en el siglo XV cuando aquí vivió el héroe nacional y desde donde organizó una larga resistencia contra los otomanos.

A pesar de la construcción de altos edificios como el hotel Panorama, la pequeña localidad todavía conserva ese ambiente típico con sus animadas tabernas y bares, así como comercios tradicionales.

El Norte, Shkodra y los Alpes Dináricos

El norte de Albania está ocupado por los agrestes y elevados Alpes Dináricos Albaneses que están en parte protegidos en los Valles de Valbona y Thethi. La ciudad más importante de esta zona es Shkodra que se halla en la ribera del lago homónimo compartido con Montenegro. Shkodra es una agradable y dinámica ciudad rodeada de un espacio natural impresionante. Desde su castillo se podrá comprender esta privilegiada ubicación. El litoral norte por su parte sorprende por sus costas inundadas y con arenales ideales para disfrutar del sol en la costa adriática.

LEZHA (LEZHË) ✳

Se trata de un histórico lugar dominado por los restos de su enorme **ciudadela** y donde se halla el **mausoleo de Skanderbeg**, antepaís de un ecosistema de lagunas parte de ellas preservadas en la **Reserva Natural de Kune-Vain-Tale** o la **laguna de Patok**. Lezha también es conocida por tener uno de los hitos gastronómicos *slow food* de la pequeña república: el **Mrizi i Zanave** que tiene granja y conexión con zona agroturística para probar la cocina tradicional albanesa (*www.mrizizanave.al*).

El **castillo de Lezha** en su actual ruina es medieval, aunque su origen se remonta al siglo IV a. C. (la vieja Lyssos de colonos griegos de Siracusa). Se observa desde lejos en un altozano de casi 200 m

◷ Desplegable

Castillo de Lezha
✉ Rruga Varohs
◷ Todos los días de 9 h a 13 h y de 15 h a 20 h; en invierno de 8 h a 16 h
🎫 50 leks

▼ Panorámica de la región desde el castillo de Lezha.

Mausoleo de Skanderbeg

- ✉ Rruga Frang Bardhi (centro de la ciudad)
- ☎ +355 686 662 800
- 🕐 Todos los días, de 8 h a 20 h
- 💻 www.akt.gov.al
- 💶 200 leks (la iglesia se observa desde el exterior, pero se ha de pagar para entrar al mausoleo)

y forma parte de la línea fortificada utilizada y reforzada por Skanderbeg en su resistencia contra los otomanos. Controla perfectamente parte de la ribera del Drin y las fértiles e inundables llanuras de Zadrima hasta el mar. Al castillo se puede acceder en vehículo hasta un parking en la parte inferior de la disimulada entrada principal. Entre sus muros se conservan todavía restos de una iglesia que posteriormente fue mezquita y la gran cisterna, así como la estructura de otras estancias.

En el centro de la ciudad, bajo la notoria iglesia ortodoxa, se halla el **mausoleo** construido en 1981 y que contiene la tumba del héroe nacional, aunque posiblemente sus restos se hallen en el castillo donde al parecer murió de malaria el 17 de enero de 1468 cuando tenía 62 años. El edificio de una estética discutible tiene un moderna estructura que recuerda a un templo griego que protege los restos de la vieja iglesia de San Nicolás del siglo XIV dentro de la cual se halla la tumba donde fue enterrado el héroe. Sobre su tumba el característico casco rematado por cabeza de cabra y una espada curva donada por el sultán Murad II, cuyos originales se hallan en el Museo Histórico de Viena. Se dice que su espada dio muerte a más de 3.000 otomanos en 25 años que duró la contienda.

▌ La Liga de Lezha

Se trata de un alianza militar de señores feudales creada en esta localidad en 1443 apadrinada por Skanderbeg y que agrupaba también a serbios y montenegrinos que querían luchar contra el poder otomano. Se considera un hito histórico ligado a la creación de un estado albanés ante la influencia de los otomanos y venecianos. Una pintura alegórica de este acontecimiento se expone en el Museo Skanderbeg de Kruja.

I RESERVA NATURAL DE KUNE-VAIN-TALE Y LAGUNA DE PATOK ★★

Se trata de un complejo lagunas al sur del puerto y centro turístico de **Shëngjin** (San Giovanni di Medua, en tiempos de la ocupación italiana) o la playa para los capitalinos de la que distan una hora. El ser el tercer puerto en importancia y el primero a nivel pesquero hace que las aguas de esta zona estén bastante contaminadas. La reserva natural de Kunë-

⏱ Desplegable

Reserva Natural
✉ Rruga Vaini
☎ +355 68 541 55 52
🖥 www.kunevain.com
🎫 100 leks para acceder con vehículo

Vain-Tale es uno de los espacios naturales protegidos más antiguos del país y data de la época de la ocupación italiana (1940) cuando el mismo yerno de Mussolini, el conde Ciano, tenía aquí su reserva de caza. De los bosques caducifolios y latifolios litorales poco queda, ya que muchos se talaron tras la crísis de gobierno que sucedió a la caída del Comunismo. La reserva se caracteriza por complejos de lagunas, marismas y dunas al sur del estuario del río Drin con una gran riqueza de aves, se cree que cerca de 200 especies. Esta zona lagunar del norte de Albania es un lugar de hibernación de diversas aves migratorias como las avocetas, cormoranes, espátulas, garzas, martinetes, patos, porrones, zarapitos... En el espacio natural se halla el hotel Gjuetisë en lo que fue el pabellón de caza del conde Chiano.

Más al sur por la carretera SH35 se llega a la **Laguna de Patok**, a unos 25 km al suroeste de Lezha. La laguna, delimitada al norte por el río Mat y al sur por el río Ishem, está separada del mar por un espigón que es una playa. Al sur se abren una zona de tierras pantanosas y el inicio de la península de Rodon o Rodonit. En cabañas tipo palafitos se sigue practicando un tipo de pesca denominado *stavnike*.

▲ Cabañas de pescadores tipo palafito en la Laguna de Patok.

•••••••••

Centro de Tortugas Marinas
✉ Carretera SH35
☎ +355 68 200 32 35
🕐 De septiembre a junio
de lunes a viernes
de 10 h a 18 h
🌐 www.has-org.al
💶 Gratuito

Aprovechando en algún caso estas construcciones sobre pilones se han abierto curiosos restaurantes donde probar la pesca local. Esta laguna es un hábitat de tortugas, principalmente la tortuga boba (*caretta caretta*) o la verde (*chelonia midas*). Como curiosidad, todavía pervive la foca monje del Mediterráneo, una especie en peligro de extinción como la misma tortuga verde. Para la conservación y conocimiento de la tortugas existe un **Centro de Tortugas Marinas** abierto en 2016 que tiene una pequeña exposición sobre las cuatro especies de tortugas que desovan en Albania; aparte de las de la laguna están la tortuga laúd y la carey. También se pueden hacer visitas nocturnas guiadas en época y zonas de desove.

❙ VELIPOJA (VELIPOJË)

Pequeña localidad pesquera (unos 5.000 habitantes) del extremo noroeste de Albani, ya en los confines de Montenegro, y rodeada de una playa unos 15 km, así como la **isla Franz Joseph** y el caprichoso estuario del río Buna, que es una zona protegida donde campan libres los caballos. La **playa de Rrjolli** suelen estar muy concurrida en el tórrido verano cuando llegan los turistas de la diáspora y sobre todo de Kosovo. Destacable también es la **laguna e Vilunit** rodeada de pinares y pequeños restaurantes, ideal para la pesca. El litoral sur está parapetado por una pequeña cordillera, **Mali i Bardhes**, asomada al mar, llega a unos 500 de altitud y está siempre vigilada por búnkeres ya que esta zona que lleva a la antigua base naval de Shengjin es un área militar.

•••••••••

🕐 Desplegable

▼ Playa de Rrjolli, muy cerca de la frontera con Montenegro.

∎ SHKODRA (SHKODËR) ★★

Es una ciudad de frontera por eso diversos vecinos, civilizaciones e incluso imperios se la han disputado a lo largo de los tiempos. Su urbanismo se parece poco al resto de ciudades albanesas, pudiendo decirse que es la más centroeuropea y moderna del país sin sufrir la especulación urbanística de Tirana. Sus principales reclamos turísticos están justo fuera del casco urbano, un casco urbano agradable al visitante en estética y en servicios.

A escasamente 60 km de Podgorica, capital de Montenegro, y unos 100 km de Tirana, Shkodra (80.000 habitantes, el municipio unos 135.000) es el indudable motor económico de la mitad norte del país. Es una de las ciudades más antiguas de Albania como atestiguan los restos de la Edad del Bronce hallados en el castillo de Rozafa. Al parecer aquí se derrotó al último rey ilirio Gentio en el año 168 a.C. Formó parte del Imperio Romano de Oriente y la provincia de *Ilíricum*. La ciudad pasó a manos serbias, búlgaras, bizantinas, turcas y venecianas hasta que los otomanos la conquistaron durante 400 años. Siguieron los cambios de administración durante la Primera Guerra Mundial hasta que acabó formando parte del estado albanés moderno.

▲ Estatua de la Madre Teresa en el centro de la ciudad.

LO QUE HAY QUE VER EN SHKODRA

Junto a la plaza Sheshi Perash, por la Rruga Edith Durham, se halla la **estatua de Isa Boletini** (*Isa Shala*), que rinde culto a un nacionalista albanokosovar que luchó en la Guerra de los Balcanes contra los otomanos, así como contra Serbia y Montenegro –una estatua gemela se halla en Mitrovica (Kosovo) cerca de la localidad de Boletini donde nació en 1864–. Fue un defensor de la Gran Albania y por eso se le apodó el León de Kosovo. Asistió junto a Ismail Qemali (padre de la nación) al Congreso de Londres donde se establecieron las fronteras de la Albania moderna. Solo consiguió que un tercio del actual Kosovo se reintegrase en Albania. Fue asesinado por las fuerzas montenegrinas.

El grupo escultórico a los **Héroes de Vig**, a la salida de la ciudad en dirección a los Alpes y Montenegro, es obra del guerrillero Saban Hadëri (1928-2010), uno de los artistas del realismo socialista que realizó 5 estatuas de E. Hoxha, todas ellas destruidas. Entre sus obras también está el Monumento a la Independencia en Vlora, con un cierto aire de arte brutalista.

▲ Mezquita de Ebu-Bekër o Gran Mezquita.

Cercana, en el Bulevar Skanderbeg y la confluencia de la peatonal Rruga Kyle Idromeno, se halla la **Mezquita de Ebu-Bekër** o Gran Mezquita, moderno edificio con dos minaretes de 41 m de altura y gran cúpula de 24 m de altura. Fue construida con fondos saudíes donde se hallaba una antigua mezquita otomana destruida en época del comunismo. La mezquita está dedicada a un califa del siglo VII y puede acoger a 1.300 fieles. Cerca de la mezquita se halla una estatua a la Madre Teresa de Calcuta.

Otro lugar de interés es el **Espacio de Testimonio y de la Memoria**, que como su nombre indica está dedicado a los testimonios y la memoria de las personas que fueron torturadas y asesinadas por el comunismo, como el testimonio del cura Alejandro Soljenitsyne sobreviviente a más de 20 años de prisión y que escribió *Vivir para contar* ("Rrno vetëm për me tregue"). Se halla en un antiguo convento que fue convertido en comisaría de la *segurimi,* con celdas y sala de interrogatorios, usada durante el régimen comunista.

En la **iglesia de San Francisco**, cerca de la plaza de la Democracia y caracterizada por su alta torre, existen pinturas anticomunistas realizadas en 1997 por el artista local Pjerin Sheldija. La comunidad de franciscanos fue perseguida por el régimen comu-

**Espacio de Testimonio
y de la Memoria**

✉ Bulevardi Skënderbeu, 27
☎ +355 69 268 72 26
🕐 Todos los días, salvo el
domingo, de 9.30 h a 19 h,
martes y miércoles de 9.30 h
a 19 h, sábados de 9 h a
12.30 h
🌐 www.vdkshkoder.com
🎟 150 leks

Iglesia de San Francisco

✉ Rruga Gjergj Fishta, 42
☎ +355 22 24 17 15
🕐 Todos los días,
de 7.30 h a 19 h

nista acusada de colaboracionista con el enemigo per ello fueron expulsados y la iglesia construida a finales del siglo XIX transformada en cine.

La **Catedral de San Esteban** se encuentra donde estuvo la catedral curiosamente proyectada por Pjetër Marubi en 1856-1898 y que fue una de las más grandes de los Balcanes; fue dañada con la ocupación montenegrina y convertida en palacio de deportes por el comunismo. La actual es también de grandes dimensiones y recuerda por su fachada a las iglesias del centro de Italia. En su reconsagración en 1993 estuvieron la Madre Teresa de Calcuta, de la que hay un gran retrato en el interior, y Juan Pablo II, que estableció aquí la sede del arzobispado. La catedral tiene un **Museo Diocesano** que recoge pinturas y arte sacro en general de esta región del norte de Albania, particularmente más católica que el resto del país (sobre todo la parte alpina). Entre las obras expuestas está *Nuestra Señora de Skhodra* (Nuestra Señora del Buen Consejo), una virgen patrona de Albania a la que se le asocia una curiosa leyenda.

Catedral de San Esteban
✉ Rruga Marin Bicikemi
☎ +355 22 42 744
🕐 Todos los días de 8 h a 20 h; Museo, todos los días de 9 h a 17 h
🌐 www.kishakatolikeshkoder.com
🎟 Gratuita

▍Vida urbana

Shkodra tiene una vibrante vida urbana con numerosos restaurantes especializados en pescado, además de cafeterías y bares, ya que es una de las ciudades que más visitan sus vecinos del centro de Europa. La Rruga Idromeno (*en la foto*) y Rruga Vaso Kadia concentran los lugares de moda y lugares para fumar shisha o pipa de agua, como el *White Shisha Lounge*. Sobre todo en verano los locales del paseo del río suelen estar también muy animados. Para los amantes del folclore, una cita es el restaurante taberna *Tradita,* en la Rruga Edith Durham, cerca del ajetreado boulevard Skanderbeg donde encontraremos buenos restaurantes de pescado.

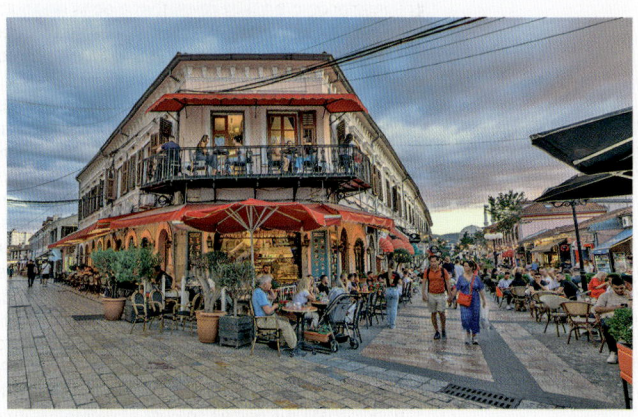

Museo Nacional de la Fotografía Marubi
- ✉ Rruga Kolë Idromeno, 32
- ☎ +355 22 400 500
- 🕐 Todos los días, salvo los lunes, de 9 h a 16 h, domingos de 9 h a 15 h
- 🌐 www.marubi.gov.al
- 🎫 700 leks

Museo de Historia de Shkodra
- ✉ Rruga Oso Kuka
- ☎ +355 22 243 213
- 🕐 Todos los días, salvo lunes y sábado, de 8 h a 15 h
- 🌐 muzeuhistorikshkoder.org
- 🎫 150 leks

También es digno de ver el **Museo Nacional de la Fotografía Marubi**, un excelente espacio museístico y exposición fotográfica de los fotógrafos de la saga Marubi. Familia de origen italiano y militantes garibaldianos que se refugiaron en Albania durante la época del imperio austrohúngraro. La exposición también es un paseo por la historia de Albania con retratos costumbristas que incluyen mujeres musulmanas que según la tradición no podían fotografiarse. La familia de fotógrafos realizó imágenes durante 150 años, siendo las primeras de la segunda mitad del siglo XIX. El discípulo de Pietro Marubi, Kel Marquis también adquirió el apellido de Marubi e hizo famosa la firma fotografiando al mismo Zogu I en bañador. Los 500.000 negativos fueron cedidos en 1974 al gobierno comunista por Gegë Marubi, hijo y fotógrafo de Kel Marquis. Sin duda, una visita imprescindible para conocer la historia de Albania y sobre todo para los amantes de la fotografía.

Cercano al centro neurálgico de la ciudad o plaza de la Democracia, el **Museo de Historia de Shkodra** se halla en la magnífica casa de Oso Kuka, comerciante y heroico combatiente contra la ocupación montenegrina. También fue la casa de Ramiz Alia (1925-2011), el último presidente de la época comunista que empezó un cierto aperturismo. La casa típicamente otomana se divide en dos plantas y tres secciones (sección arqueológica, sección folclórica y de artesanía, sección histórica). La planta baja, antes almacenes y cuadras, muestra una rica colección de objetos hallados en los alrededores de la localidad desde el Neolítico hasta la Edad Media. Se exponen obras pictóricas del local Kole Idromeno, fundador de la escuela de pintura realista albanesa. Destaca la sala principal con chimenea de la planta superior, típica de esta zona de Albania, donde se reunían las mujeres cuando había invitados.

En una visita a la ciudad uno de los imprescindibles es, por supuesto la **Fortaleza de Rozafa**, tratada ya en el capítulo "Diez lugares inolvidables" (►28).

Otra visita muy recomendable es la **Mezquita de Plomo** (en restauración), bajo el lado este de la fortaleza y fuera del casco urbano en una fértil llanura inundada por el curso del río Kir. Se construyó en el siglo XVIII por orden del gobernador otomano Mehmet Pashá y consta de una enorme estructura de piedra parcialmente porticada y coronada por 18 cúpulas más una gran cúpula de plomo con un hermoso patio porticado. Fue la primera que se abriría tras la caída del comunismo. El minarete cayó en

▲ Mezquita de Plomo
y el fértil valle del río Kir.

1967 tras ser destruido por un rayo y se reconstruirá con la restauración de la mezquita.

Finalmente, atraviesan varios puentes el río Buna, uno de los principales emisarios de agua al lago Shkodra, pero destaca el **puente peatonal de hierro** que comunica con el antiguo bazar, hoy un barrio marginal de la ciudad. El puente original era de 1500 pero fue destruido en los diversos conflictos bélicos que asolaron la ciudad y sobre todo por la Segunda Guerra Mundial, siendo el actual de finales del siglo XIX. Al otro lado del río, en la carretera que circunda el lago, existe una fotogénica y restaurada mezquita con un infinito minarete.

Desplegable

❙ LAGO SHKODRA   ✶✶

Se trata del lago más grande de los Balcanes, sus 368 km² se los reparten Albania (149 km²) que ocupa el este y el sur y Montenegro. El lago es un inmenso espejo hacia los Alpes y el Monte Tarbosh que limita al sur. Los dos puertecitos del lago se hallan al suroeste de Shkodra: Shirokë y Zogaj donde acaba la carretera y no tiene continuidad por el litoral hasta la vecina frontera montenegrina. **Shirokë** se halla muy cerca de la desembocadura del río Buna, principal tributario del lago junto al río Moraca en la vertiente montenegrina. En Shirokë se halla el principal embarcadero para visitar el lago. Junto al puerto los pescadores descargan su pesca de rústicas barcas, pesca que se servirá debidamente cocinada en restaurantes como *Real*. Sobre la localidad, el **Monte Tarbosh,** donde sus campesinos cultivan el tabaco, pero también la salvia. A su pelada cumbre se puede ascender en una sencilla

▲ Pescadores de Shirokë en el lago Shkodra.

ascensión hasta este estupendo mirador de 594 m. En este lugar de excelente clima se halla la mansión del rey Zog.

Más pintoresco es **Zogaj** en los confines de Albania con Montegro. De mayoría musulmana, Zogaj fue un lugar prohibido y aislado por el comunismo dada su condición de frontera sin paso fronterizo. Tiene una bella y apartada mezquita que se refleja en el mar. Más allá, las más de 50 isletas montenegrinas (**Starcevo, Beska, Moracnik**) coronadas en este caso por templos católicos donde los monjes medievales escribían libros se conoce como el Monte Athos montenegrino. La parte este del lago es más arenosa y pantanosa y dispone de playas; la localidad más importante es **Koplik** desde donde se accede a los Alpes.

Por su riqueza en fauna avícola está declarado desde 2006, sitio Ramsar, convenio que protege y designa lugares de especificidad medioambiental con unas 25.000 aves correspondientes a 270 especies. Entre sus peces hay algunos en peligro de extinción como el esturión estrellado o la trucha adriática.

I VERMOSH ✱

Se trata del núcleo más elevado y septentrional de Albania, situado a 1.055 m rodeado en buena parte por Montenegro. La sinuosa carretera ya asfaltada que bordea la frontera montenegrina por espectaculares valles nos permitirá una de las rutas estéticas más bellas de nuestra visita al país. En el pueblo de arquitectura tradicional, que muchas veces queda aislado por la nieve, viven más de 1.000 personas y es la entrada para realizar excursiones a los fantásticos e inhóspitos Montes Malditos, que comparten territorio con Montenegro y Kosovo, ideal para excursiones a pie o caballo. Esta apartada comarca conocida como Kelmend es rica en plantas medicinales. En agosto se celebra un curioso concurso de Miss Alpes con desfile de trajes tradicionales. Reivindicada por Montenegro durante mucho tiempo ahora su puesto fronterizo está a 7 km, desde donde se puede acceder al **parque natural de Prokletije** y a las localidades de **Gusinje** y **Plav**, en las que sus habitantes son principalmente bosnios y es que estamos en los Balcanes, región de minorías.

I LAGO KOMAN (▶34) ✱✱✱

I THETHI (THETH) ✱✱✱

El Valle de Shala y pueblo de Thethi es sin duda alguna el sueño de cualquier amante de la naturaleza. La carretera ya asfaltada ha hecho que el turismo florezca en esta apartada región alpina y con ello que muchas viviendas se hallan ampliado para ofrecer alojamiento. Desde el Parque Nacional de Thethi se pueden hacer inolvidables travesías como la que va al vecino **valle de Valbona** o excursiones para explorar las diversas cuevas, saltos de agua como la **cascada del Grunas** (a 2,5 km al sur de la iglesia) o lugares como el manantial del **Ojo Azul** (▶32; "Diez lugares inolvidables").

· · · · · · · · · ·

Ⓖ Desplegable

▼ Mezquita en la aldea de Gusinje.

· · · · · · · · ·

Ⓖ Desplegable

¿Sabías que...?

El termino *kanun* viene del griego *kanon* o regla y es un código de conducta que se transmitió de manera oral hasta que Lek Dukagjini (en la época de Skanderberg) recogió esas normas y las convirtió en un sistema de leyes aplicable en el norte de Albania. No estuvieron escritas hasta principios del siglo xx por iniciativa de un franciscano de la vecina Kosovo. Entre las normas estaba el vengar el asesinato de consanguíneos que implicaba poder matar a varones hasta el tercer grado de parentesco. La venganza era un deber para no perder el honor de la familia. Para huir del infortunio, si no había perdón, solo cabía la posibilidad de recluirse en una *kulla* (torre) donde se podía defender el supuesto asesino e incluso esperar allí su muerte. Algunas familias tuvieron que huir a la ciudad y fueron presas de las mafias o se marcharon al extranjero.

Estos valles tan aislados tienen sus propias tradiciones la *kulla* o torre de Thehi ejemplifica una de las tradiciones más curiosas la del *kanun*. El imponente circo de montañas que rodea el disperso núcleo de Thethi, el agua que corre en todas direcciones, estas singulares tradiciones, el carácter de los lugareños hacen mágico e irrepetible el lugar. En una excelente ubicación en el centro del disperso caserío se halla la iglesia de Thethi aislada y construida en 1892. El cristianismo ha tenido en estos valles tradición al estar aislados y no poder llegar el poder de los otomanos. Más allá se levanta una discreta torre de defensa. Se denomina *kulla* o torre de reclusión, inexpugnable sobre un saliente rocoso hacia el río esta construcción tiene al menos 400 años y su función era mantener la tradición del *kanun*. El rey Zogu I se encargó de destruir la mayoría de kullas en un intento de modernizar el país y acabar con las tradiciones medievales.

▌ PARQUE NACIONAL DEL VALBONA ✶✶

Forma parte de un conglomerado de espacios naturales alrededor de la cordillera de los Alpes Dináricos (Montes Malditos) y se accede desde una desviación de la autopista de Tirana a Pristina o bien navegando por el lago Koman hasta Fierza y desde allí a Bajram Curri. Desde Kosovo se puede acceder también desde Djakovica. El parque nacional fue creado en 1996 alrededor del hermoso valle de Valbona y la aldea homónima principal, punto de servicios e inicio de excursiones. Al norte se halla el **Parque Nacional de Prokletije** (Montenegro), al sur limita con el **Parque Natural de Nikaj-Mërtur**, al oeste el **Parque Nacional Thethi** y al este la **Reserva Natural del río Gashi**. Esta reserva hace frontera con el Parque Nacional kosovar **Bjeshkét e Nemuna**, cerca de la interesante ciudad de Pec.

El pico más elevado, y uno de los más altos de Albania es el **Monte Jezerca** de 2.694 m. El parque, aparte de la belleza de paisajes y bosques de diversos tipos de pinos y abetos, es rico en fauna avícola así como en grandes mamíferos entre los que todavía hay varios ejemplares de osos.

Una de las excursiones clásicas es atravesar al **Valle de Thethi,** una ruta senderista que pasa por aldeas como Llomi y Rrogam y asciende al paso de Valbona (1.795 m) para bajar al Valle de Thethi; unas 7/8 horas de caminata. La temporada más idónea para realizarla sería entre los meses de mayo a octubre. Se recomienda ir con guías de la zona sobre todo si se quiere hacer esquí alpino o excursiones

fuera de esa temporada. Algunas son fáciles como la **cascada de Rrogam** o la **cueva de Dragobi** donde se ocultaba el héroe nacional Bajram Curri asesinado por el rey Zog I. **Bajram Curri** también es un punto de servicios para visitar esta región. Cercana se halla la frontera con Kosovo (▶88).

▲ Las rutas senderistas por el valle de Valbona son muy agradables y no tienen gran dificultad.

❙ PARQUE NACIONAL DE LURA ★★

Se trata de un parque nacional ubicado al sur de Kukës y oeste de la ciudad balnearia de Preshkopi. Su interés es principalmente por sus 12 lagos de origen glaciar que se hallan a 2.000 m de altitud, justo al este se halla el Monte Korabit que con 2.753 m es el techo de Albania. Los recuperados bosques de hayas y pinos albergan una rica fauna y flora. El **lago de las Flores** (*Liqeni i Luleve*) se cubre de nenúfares amarillos lo que lo convierte en un espectáculo ideal para la fotografía. El punto de entrada es **Lurä e Vietër**, aunque el acceso es difícil en los últimos tramos, siendo necesario el uso de 4x4. Después el acceso, por ejemplo al Gran lago, supondría unas 2 horas en 4x4. La carretera que conectará Burrel con Preshkopi será la opción más cómoda para llegar al sur del parque nacional. Tradicionalmente se accede al parque por la SH34 que

⊕ Desplegable

IMPRESCINDIBLES DE KOSOVO

Kosovo (10.887 km² y casi 2 millones de habitantes) es el estado más joven de Europa (2008), parcialmente reconocido, pues Serbia lo considera su territorio. La mayoría es población albanesa pero el norte de Mitrovica principalmente es población serbia. Además, los monasterios más espectaculares de Kosovo son parte del origen religioso y la cultura serbia. Kosovo es vitalidad, es naturaleza viva, es tradición otomana, es también historia dramática de los Balcanes, pero aún así, es un país seguro, amable y de sonrisas.

Pristina
Es la capital y en vital crecimiento (200.000 habitantes, el municipio), típica ciudad balcánica tiene su pequeño casco antiguo alrededor del bazar y sus mezquitas sultán Mehmet y Çarshi. Pero también un animado centro en el que sus edificios más característicos son la biblioteca, con sus 99 curiosas cúpulas, y la cercana catedral Madre Teresa, aunque el más fotografiado es el New Born. Como si el tiempo se tuviera que recuperar, Pristina muestra un ambiente joven y desenfrenado con bares y discotecas donde ponen Dua Lipa (de origen kosovar) y, cómo no, buenos restaurantes. A los EE. UU. y sus aliados le deben la independencia y uno de los monumentos es el dedicado a Bill Clinton. A media hora de la capital un curioso santuario de osos.

Monasterio de Gracanica
Se trata de una localidad donde vive la minoría serbia. El espacio monacal es impresionante, ubicado en un saliente rocoso, tiene además de la iglesia bizantina con sus impresionantes frescos (siglo XIV), los edificios monacales e incluso un anfiteatro y una tienda con productos ecológicos elaborados en el monasterio.

Prizren
Es la segunda ciudad (178.000 habitantes, el municipio) más importante de Kosovo a pesar de la huida de casi unos 10.000 serbios después del conflicto. Prizren es una ciudad museo con su puente, castillo, mezquita monumental, sus iglesias ortodoxas y su animado bazar. Una ciudad de cuento sobre todo si se la conoce en invierno, y de marcha desenfrenada y conciertos si se la conoce en verano.

Peja (Péc)
Es otra de las tranquilas ciudades (96.000 habitantes, el municipio) monumentales de Kosovo, destaca sobre todo por su bazar, pero también porque en sus cercanías se halla el Patriarcado serbio ortodoxo de Péc. Sus cuatro edificios medievales son Patrimonio de la Humanidad. Destaca su iglesia pintada externamente de rojo pero su interior es una sorpresa pictórica.

Monasterio Visoki Decani

Sin duda alguna el monasterio más bello de Kosovo y uno de los más hermosos de los Balcanes, y no solo por su ubicación, sino también por su iglesia principal dedicada al Cristo Pantocrator. Hay una activa vida monacal tanto a nivel agrícola como artístico. Su interior es sobrecogedor y sus monjes siempre acogerán bien al visitante que se sumergirá como su fuente en la paz. Como los otros dos monasterios se ha de enseñar el pasaporte a las tropas de la ONU apostadas en su entrada.

Parque Nacional Bjeshkët (Rugova/Montes Malditos)

Es el espacio natural más salvaje y mágico del país, su cañón de acceso es un espectáculo de vegetación y agua. Fronterizo con Montenegro y cercano a Albania forman un complejo de espacios naturales en los Alpes Dináricos único en Europa.

Gjakova/Dakovika

Menos conocida es la segunda ciudad (95.000 habitantes, el municipio) más monumental de Kosovo. Es conocida por su *kulla* o torre fortificada relacionada con el *kanun* tradicional albanés, aunque es muy interesante su casco antiguo con bazar y sus bellas mezquitas. En las cercanías un puente otomano y otro pueblito de interés, **Junio** y sus tres *kullas* o torres de autodestierro.

Mitrovica

Se trata de una curiosidad geográfica dentro de una de las ciudades (110.000 habitantes, 30.000 habitantes en la parte norte o serbia) más importantes de Kosovo. El puente vigilado por cascos azules italianos separa la ciudad en dos, el norte es una isla cultural serbia pues sus ciudadanos así lo consideran. El contraste urbano y cultural es digno de ser observado. Esperemos que este puente sea el de la esperanza y el de la paz.

Parque Nacional Shar

Es uno de los espacios de montaña más interesantes para los amantes del mundo rural y el senderismo. En el macizo hay pistas de esquí. Esta cordillera es frontera natural con Macedonia del Norte y al sur de esta en Opoja se halla la minoría gorani (pueblo eslavo musulmán) que conservan ancestrales tradiciones como las bodas. En la bandera de Kosovo aparece el contorno del mapa y curiosamente 6 estrellas que simbolizan los 6 grupos étnicos del país (albanés, serbio, bosnio, gorani, romaní/ashkali y turco).

Otros puntos de interés son las pequeñas villas como **Rahoveci, Ferizj, Gjilani**, el **puente otomano de Vushtrri** o la **fortaleza de Novobrdo**.

proviene de la autopista que une Tirana con Kosovo (salida Rrëshen). **Kukës** es una ciudad de paso a Kosovo sin encanto alguno, simplemente el paisaje hacia el embalse y sus montañas circundantes. El pueblo antiguo se inundó al construir en 1976 la presa de Fierza. Durante la guerra entre Serbia y Kosovo sirvió de punto de acogida de refugiados y de aquí la construcción en 1999 de la Torre de la Memoria. Como curiosidad, al sureste y en la frontera con Kosovo está el pueblo de **Shishtavec** y sus aldeas de Borje, Oreshkë y Cërnalevë en las que vive la minoría gorani, del eslavo *gora* o montaña que habla el našinski. Los gorani guardan sus tradiciones siendo un pueblo eslavo islamizado en tiempos de la ocupación búlgara que vive sobre todo en la región vecina kosovar de Dragash. Particulares son sus bodas y se recomienda la visita para sus festivales folclóricos de mayo y octubre. Para llegar al pueblo es necesario 4x4 y mejor ir con guía. Los tres pasos fronterizos con Kosovo son solo para personas, no para automóviles. De las altas montañas circundantes se puede apreciar el citado Monte Korabit, el techo de Albania y espacio natural protegido. En los alrededores diversos hitos naturales como la "Piedra de la Mañana" o el abedul monumental de unos 17 m de altura próximo al núcleo principal.

▼ Playa de Durrës
en la Costa Adriática.

▮ Durrës y la Costa Adriática

Durrës es la segunda ciudad portuaria de Albania y se halla en el centro de la Costa Adriática de Albania, a media hora de la capital. Desgraciadamente conocida por la estampida de refugiados que ocuparon el buque *Vlora* para ir a Italia, la agradable ciudad presenta un importante legado sobre todo de los tiempos de los romanos. Cercanas están las ruinas de Apolonia. La costa presenta buenas playas,así como humedales de gran valor biológico como el de Divjaka-Karavasta. En el interior una de las ciudades más bellas de Albania: Berat, con sus armoniosos barrios otomanos y su espectacular ciudadela hoy en día todavía habitada.

▮ DURRËS (DIRRAQUIO) ★★

Es la segunda ciudad (130.000 habitantes, 270.000 el municipio) en importancia del país y uno de los asentamientos más antiguos de Albania como demuestran sus hallazgos arqueológicos y monumentos. Fue capital de Albania entre 1914 y 1920 donde el rey

Ⓞ Desplegable

Oficina de Turismo
☎ +355 22 177
🖥 www.durres.gov.al/vizitoret-dhe-turizmi

▲ Mosaicos bizantinos en el anfiteatro romano.

Zogu I tenía su residencia, actualmente restituida a la familia real. Se halla conectada por autopista con la capital, de la que dista 35 km, y cerca de los puertos italianos de Brindisi y Bari.

Su nombre proviene de la mitología iliria del dios *Dyrrachus*, nieto de *Epidamnus,* que era como la conocían ya los griegos, sus fundadores en el 627 a. C. Ocupada por ilirios en el 229 a. C. pasó a manos de Roma con el nombre de *Dirraquio*. Fue el punto de partida de la vía Egnaita que comunicaba con Constantinopla, la actual Estambul. Aquí se dio la batalla naval entre César y Pompeyo en el 48 a. C., siendo las aguas circundantes de la ciudad y el estrecho de Otranto un lugar de una rica arqueología submarina, que se completaría con los hundimientos de barcos durante las dos guerras mundiales y especialmente en la batalla naval de la Triple Entente y la marina austrohúngara. Durante Bizancio Durrës pasará a ser una de las demarcaciones del imperio con ciudades tan importantes como Apolonia y Butrinto. Tras diversas incursiones de otros pueblos como búlgaros, normandos, venecianos… en 1501 pasó a manos otomanas que la rebautizaron con el nombre de Diraç. El poder otomano llegó hasta la independencia de Albania como principado en 1914. Las guerras mundiales hicieron que la ciudad cambiase de manos hasta que los alemanes se retiraron en 1944. En 2019 la ciudad volvió a sufrir un fuerte terremoto (tuvo uno devastador en 1273).

En la actualidad la ciudad resplandece a la sombra del comercio y el turismo de masas. Su área urbana se va expandiendo aprovechando la autopista que une Tirana con Vlora y los grandes hoteles que se están construyendo sobre todo en el litoral del sur. Esa área costera de estética discutible y playas contaminadas suele ser el lugar de veraneo de kosovares (Pristina está a poco menos de 2 horas y media) y capitalinos.

LO QUE HAY QUE VER EN DURRËS

La calle más ostentosa de la ciudad es el **Bulevar Epidamm**, resultado de haber sido durante un breve tiempo capital de Albania. Aunque sufrió graves daños por los terremotos hoy está remozada y a ella asoman terrazas de restaurantes, hoteles e incluso un viejo hamán y dos columnas corintias de la época bizantina. Antes de llegar a la mezquita está la calleja o **Ruga Dok Magariti** con sus variados grafitis de autores locales. La calle desemboca en la plaza o **Sheshi Liria** que es junto a su ayuntamiento y un conocido restaurante, *Sema*, el centro neurálgico y de reunión de la localidad. Sobre la plaza la **Gran Mezquita** construida en 1930 sobre una antigua basílica bizantina. Destaca por su enorme cuerpo y cúpula. De aquí parte el **bulevar Dyrrah** y la calle o **Rruga Aleksander Goga** donde abundan los cafés y tiendas. En esta calle se hallan los restos de las **termas romanas** del siglo I y el **mercado bizantino** del que se conserva la columnata circular rodeado de feos edificios de corte comunista. El foro tenía suelos de mármol con una desaparecida fuente central.

De la **muralla** con triple cerco construida por el emperador bizantino Anastasio I que nació en la ciudad en el año 431, solo quedan restos de lienzos. Los venecianos añadieron torres circulares como la que hay junto al puerto y que es un símbolo de la ciudad. Se puede visitar tomando algo en el bar que la ocupa parcialmente. Junto a la torre se puede observar un pequeño tramo de muralla bizantina también observable desde la calle Anatas Durrsaku. La **Torre Veneciana**, o *Torra Venecianë*, de 16 m de altura y considerable anchura, se construyó durante la ocupación veneciana del siglo XV sobre los restos de otra torre de vigilancia bizantina.

El largo **paseo marítimo** o *Shëtitorja Vollga* comienza después de la Torre Veneciana y el monumental toldo de entrada al puerto. Junto a la Torre Veneciana hay un pequeño **monumento** comunista **a Mujo Ulqinaku**, mártir durante la invasión italiana, y lo que fue el edificio del cuartel naval comunista, después hotel italiano, hoy abandonado. De este edificio toma el nombre de Volga el paseo recordando la amistad albano-soviética. Al inicio del paseo se ha instalado un psicodélico **monumento** que nos recuerda al dios Neptuno aunque es **Redon**, dios

◀ La Torre Veneciana fue añadida a la muralla en el siglo XV.

¿Sabías que...?

El *xhiro* es una palabra genuina albanesa que quiere decir algo más que paseo. Qué mejor que pasear por los bulevares, playas... para comprender esta vieja tradición albanesa de socializar que ni en tiempos comunistas, cuando la movilidad estaba controlada, se pudo prohibir.

Anfiteatro

- ✉ Rruga Kalase
- ☎ +355 69 319 31 74
- 🕐 Todos los días de 9 h a 18 h
- 🎫 300 leks

▼ Anfiteatro romano y los restos de la capilla bizantina.

ilirio del Mar. Después el amplio paseo nos lleva al **monumento de la Resistencia** de estilo brutalista que nos recuerda a los partisanos comunistas que defendieron la independencia de Albania. Los bajorrelieves inferiores muestran otras etapas de resistencia del pueblo albanés de ilirios contra romanos o contra el imperio otomano. Más allá el feo **Ventus Harbour** (2016), una especie de espigón con centro comercial , restaurantes y puerto deportivo. Al frente en el interior se halla el interesante **Museo Arqueológico**, desgraciadamente cerrado cuando realizamos la presente edición por obras de restauración y mejora tras el terremoto de 2019. El Museo Arqueológico está vigilado por la colina donde se halla el **palacio de Zogu I** y sus jardines. Residencia de los hijos del dictador no se puede visitar. Al final un monumento denominado la **Esfinge** que intenta recordar al viejo Egipto.

Al final del Bulevar Epidamm es difícil no ver el **Anfiteatro**, construido en el siglo II por el emperador Trajano. Destruido y abandonado por un terremoto en el siglo IV podía albergar hasta 20.000 espectadores, lo que lo convierte en uno de los más grandes de Europa. De forma elíptica con 136 m de diámetro y 20 m de altura, desde las gradas más elevadas se observaban a los gladiadores y las fieras luchar en la arena. Aunque es observable desde el final del paseo se recomienda la visita para merodear por sus pasillos y espacios para las fieras o descubrir los mosaicos de la capilla bizantina, que sobresale del coso, que representan a santos así como el mecenas que la construyó. El anfiteatro se convirtió en un cementerio con iglesia a partir

del siglo v, en el siglo XIII se hizo una capilla medieval siendo tapado con tierra durante la época otomana. Hoy parte de su arena está ocupada por construcciones modernas que impiden continuar con las excavaciones.

Cercana yendo hacia el mar se halla la **mezquita Fatih** (1503), dedicada a Metmet II el conquistador, que al parecer es la más antigua de Albania y se encuentra escondida entre altos edificios. No tan espectacular como la Gran Mezquita, se construyó sobre parte de la estructura de una iglesia bizantina.

Finalmente, el **Museo Etnográfico** se ubica en una hermosa casa otomana que perteneció al conocido actor albanés Alejandro Moïsi (1879-1935). El espacio muestra objetos de la vida cotidiana, así como trajes tradicionales. No muy lejos en la Rruga Aleksander Goga se halla el **Museo de los Mártires** (*entrada gratuita*), un memorial dedicado a las víctimas partisanas deportadas a campos de concentración nazi y a los que lucharon durante la Segunda Guerra Mundial. Destaca el mosaico que ilustra la liberación de Durrës el 14 de noviembre del 1944.

Museo Etnográfico
✉ Rruga Kolonel Tomson
☎ +355 522 23 150
🕐 De lunes a viernes de 8 h a 15 h
💶 200 leks

I KEPI I RODONIT ★★

El cabo adquiere el nombre del dios del mar ilirio Rodón o Redon. Se trata de un cabo rocoso al norte de Durrës y la bahía de Lalzi al que se accede por una carretera secundaria con tramos mal pavimentados desde la SH52, cerca del aeropuerto. El cabo se adentra unos 4 km en el mar y está defendido en su lateral por un **castillo** que se construyó en la época de Skanderbeg en 1463, luego ocupado por los venecianos y posteriormente por los otomanos. Cercana está también la **iglesia bizantina de San Antonio** o *kisha e Shën Ndojt* del año 1370 que fue base militar durante el comunismo. De sus cuatro torres solo queda en pie una, así como parte de la muralla amenazada por la constante acción erosiva del mar. En las proximidades de la calas del cabo se hallaron restos de barcos ilirios con una antigüedad de 2.300 años. El lugar muestra un bello paisaje silencioso siempre vigilado por ocultos búnkeres de la época comunista.

🕐 Desplegable

I BAHÍA DE LALZIT

Las playas del sur de Durrës no son nada recomendables para el baño; habría que ir más al sur hasta la playa de Spille Beach y su largo arenal precedido de pinares. Más interesantes son las playas del norte aunque en verano muy masificadas. Para ello qué mejor que ir hacia la bahía de Lalzit, cerrada por el

🕐 Desplegable

cabo de Kepi i Rodonit al norte y el Kepit I Pallës, en el que hay una base militar, al sur. Solo interrumpida por la **reserva natural de Rrushkull**, se trata de uno de los arenales preferidos por los capitalinos para disfrutar del verano o los fines de semana. La playa dispone de servicios tipo bares y restaurantes y se han construido numerosas urbanizaciones.

I PARQUE NACIONAL DIVJAKA-KARAVASTA **

En Albania hay numerosos lagos y en el litoral debido a la fuerza de los ríos se han creado llanuras litorales inundables. Son ecosistemas ricos en fauna avícola y también lugares de pesca. Es el caso de la laguna de Divjaka-Karavasta separada por el estrecho de Otranto solo por barras de arena. Los atardeceres aquí son un espectáculo cuando se refleja el rojo cielo en el espejo de la laguna y la laguna es atravesada por colonias de aves. Sus 200 km^2 la convierten en una de las lagunas más extensas del continente europeo. Aquí desagua el río Shkumbin, uno de los más importantes de Albania y que atraviesa el centro del país. El parque nacional lo componen ecosistemas como marismas, salinas, canales, bosques mediterráneos e istmos de arena que lo separan del mar Adriático ofreciendo fabulosas playas. Los amantes de la ornitología están de suerte pues aquí se pueden observar fácilmente aves como los pelícanos dálmatas (los más grandes de esta especie) y águilas.

Al parque se accede desde la localidad de Lushnja con accesos al norte y al sur de la localidad desde la autopista; lo ideal es hacerlo desde el norte en dirección a Divjaka y su playa cerca de la desembocadura del río. Existen senderos que rodean la laguna, la carretera con baches y algunos tramos sin pavimentar también rodea buena parte del perímetro de la laguna pasando por poblados que todavía mantienen un aire comunista con sus feos edificios de obra vista. Al norte de la laguna se halla el **castillo de Bashtova** construido en el siglo xv por los venecianos muy cerca de la desembocadura del río Shkumbin.

I MONASTERIO DE ARDÉNICA **

Ubicado cerca de la localidad de Lushnja y bajo las colinas de Kolonja es uno de los monasterios de la iglesia ortodoxa más destacados de Albania. Su nombre puede ser que derive de la diosa griega Artemisa. Se halla amurallado y a su recinto se accede por la única puerta de la muralla. Fundado en 1282 por los bizantinos, en el interior está la magnífica

---

• • • • • • • • •

🕐 Desplegable
✉ Rruga e Plazhit Divjaka
☎ +355 69 28 64 100
🕐 Centro de visitantes, abierto todos los días de 9 h a 18 h
💳 Se paga 100 leks por acceso de vehículo

▲ El Parque Nacional Divjaka-Karavasta está bien equipado para la observación de pájaros.

• • • • • • • • •

🕐 Desplegable
🕐 Todos los días de 7 h a 19.30 h; si la puerta está cerrada hay que llamar
💳 Gratuito

▲ Los magníficos frescos del monasterio merecen por sí solos una visita.

iglesia de Santa María, la capilla de la Santísima Trinidad (siglo X), un molino de aceite, establos y las dependencias monacales. El monasterio se halla cerca de la Vía Engaita y fue uno de los centros religiosos más importantes de la iglesia ortodoxa teniendo una de las mejores bibliotecas que desgraciadamente, como parte de los frescos, se perdió en un incendio en 1932. Destacan los **frescos** del interior de la iglesia de los hermanos Zografi (escuela de Korça) prestando atención a las escenas del Vía Crucis, los "siete santos" y, cómo no, al Cristo Pantocrátor, así como el iconostasio. Los comerciantes arrumanos de Moscopole, actual Voskopoja cerca de Korça, contribuyeron de manera decisiva a la construcción y enriquecimiento decorativo, de iconos y rico mobiliario del interior del templo. La iglesia tiene una enorme campanario de 24 m que contrasta con la piedra del hermano pórtico, construido en parte con materiales extraídos de la cercana Apolonia.

Al parecer en 1451 se casó aquí el héroe nacional Skanderbeg con Dorica Arianiti, a la que le dobla la edad. El monasterio tiene la inscripción más antigua en idioma albanés, quizá por eso se salvó del saqueo y destrucción en la época comunista que lo convirtió en almacén.

FIER (FIERI)

Es una ciudad (85.000 habitantes) bastante reciente fundada por los otomanos en 1864. Con aires urbanos del pasado comunista y rodeada de campos yermos donde se levantan torres de petróleo pues aquí, aunque pequeño, está el mayor yacimiento de petróleo de la Europa Continental. El centro de la ciudad presenta dos templos destacables la os-

● Desplegable

Museo de Historia

✉ Rruga Leon Rei

☎ +355 69 888 40 35

🕐 De lunes a viernes
   de 8 h a 16 h

🌐 www.facebook.com/
   MuzeuHistorikFier

🎫 200 leks

🕐 Desplegable

✉ Pojan

☎ +355 38 32 03 37

🕐 Desde principios de mayo
   a mitad de octubre abierto
   todos los días de 8 h a 18 h;
   el resto del año todos los
   días, salvo el lunes,
   de 8 h a 16 h

🌐 www.archeoparks-albania.
   com

🎫 600 leks (incluye la entrada
   al museo)

▼ Ruinas de un templo
  en la antigua Apolonia.

tentosa **mezquita** financiada por Arabia Saudí, de construcción reciente (2005), y la **catedral ortodoxa de San Jorge** que, aunque es del siglo XVIII construida en parte con piedras procedentes de Apolonia, su fisonomía actual ha cambiado mucho. Destacar el **Museo de Historia** de Fier que presenta tres exposiciones de historia contemporánea, etnografía y, cómo no, arqueología, por las proximidades de los yacimientos de Apolonia y el más alejado de Byllis.

❙ APOLONIA ✱✱

Fundada en territorio ilirio en el año 588 a. C. por colonos griegos de la vecina Corfú y corintios, floreció gracias a su buena posición con puerto (comercio de esclavos y artesanía) y a la producción agrícola de las zonas fértiles regadas por el importante río Vjosë. Los romanos la incorporaron a la Vía Egnatia que aquí iniciaba y acababa en Constantinopla convirtiendo la ciudad en centro cultural especializado en filosofía donde estudió el mismo César Octavio Augusto. Un fuerte terremoto en el siglo IV desvió el curso y desembocadura del río provocando tierras pantanosas y la expansión de la malaria y el abandono progresivo de la ciudad. En el siglo XII se instaló una comunidad cristiana construyendo el templo que hay a un lado del yacimiento, el cual se descubrió en 1920 gracias a la labor del arqueólogo francés León Rey.

El yacimiento, no del todo excavado, ocupa unas 80 ha (el más grande de Albania) que comienzan cerca del pueblo de **Pojan**, la parte excavada más interesante de la colina. La ciudad estaba amurallada conservándose algunos lienzos de los muros. En la entrada dan un plano para hacer una completa visita con los diferentes puntos de interés.

A la entrada del yacimiento, a la derecha existe un recinto amurallado donde se halla el **monasterio de Santa María** (siglo XIV) y el **Museo Arqueológico** con una interesante muestra de estatuas y objetos hallados en sus excavaciones. En la portada del monasterio también se pueden observar estatuas y sarcófagos que nos indican la riqueza arqueológica del lugar. La iglesia es de planta de cruz latina con cúpula encajada en tambor. En el interior hay frescos bizantinos y un bello iconostasio. La torre campanario blanca adosada a la muralla se construyó posteriormente, en el siglo XVIII.

La parte más sorprendente de la ciudad helenística era el **bouleutierion**, donde se reunía el consejo municipal, con característico pórtico reconstruido de cuatro columnas y frontón triangular. Sus alrededores muestran un bien conservado paisaje mediterráneo con viejos olivos y encinas. Se encuentra bajo donde se hallaba el **templo a Apolo**, de aquí el nombre de la ciudad. Junto a este edificio se observan los vestigios del **arco de triunfo** en ladrillo, la biblioteca de planta triangular, la **stoa** porticada o paseo cubierto y al norte el **odeón** o pequeño teatro, también levantado en el siglo II a. C. En la plaza también se observa la **ninfa** o fuente. Al oeste de la plaza están los restos del templo a la diosa Diana. Entre el bouleuterion y el templo a Diana están los restos del edificio del **pritaneo** para los magistrados.

Subiendo a la colina hoy coronada por un agradable restaurante y donde se hallaba el templo de Apolo del que no queda nada, al oeste hay restos del **teatro** cuyas piedras se utilizaron para construir el monasterio y que llegó a albergar hasta 10.000 espectadores. Al noreste se levantaba la Acrópolis fortificada destruida en época del comunismo para hacer búnkeres, con templos dedicados a Artemisa y Zeus. Los manantiales de la colina desembocaban en el **ninfeo** que tenía además una gran cisterna. Cerca de esta se hallan los restos de una enorme mansión o **domus** del siglo I d. C. con restos de mosaicos cubiertos, para su protección, de arena.

▲ Escultura romana en el Museo Arqueológico.

● ● ● ● ● ● ● ● ●
🕐 101

Oficina de Turismo
✉ Junto a la estación de taxis
   y cerca de la catedral
☎ +355 699 61 42 92

▲ Las "mil ventanas"
   del barrio de Mangalem.

▼ Torre de entrada a la
   Ciudadela o Kalaja.

❙ BERAT ★★★

Berat (60.000 habitantes) y Gjirokastra, a pesar de ser núcleos diferentes unidos por un marcado pasado otomano, fueron declaradas Patrimonio de la Humanidad por la Unesco en 2008 en una denominación conjunta, pero están separadas geográficamente igual que los núcleos renacentistas de Úbeda y Baeza en Andalucía. Berat, contrariamente a Gjrokastra, es blanca y ordenada en su urbanismo al menos en sus barrios históricos. Se la conoce como "ciudad de las mil ventanas" y para eso basta echar una mirada al casco urbano bajo el castillo: Mangalem. La ciudad se extiende y se desarrolla junto al río Osum, al sur de Tirana y bajo el monte Tomorri considerado sagrado por la religión musulmana bekhtasi.

La colina donde se halla la ciudad vieja, todavía habitada, es el espacio en el que se darían los primeros asentamientos humanos. En el siglo IV a. C. hubo aquí una fortaleza iliria que sería pronto conquistada por los macedonios. Los romanos la rebautizaron con el nombre de Antipatrea. Con Diocleciano pasó a formar parte del Nuevo Epiro dejando de estar incluida en Macedonia. Se le volvió a cambiar el nombre a Pulcheriopolis (en honor a *Pulcheria*, hermana del emperador bizantino Teodosio II).

Tras otras invasiones fue ocupada por los búlgaros que nuevamente le volvieron a modificar el nombre por *Belgrad* o Ciudad Blanca (como la capital de Serbia). Volvió a manos bizantinas y pasó a ser capital episcopal, de ahí las numerosas iglesias que tuvo la ciudadela. Bajo el despotado de Epiro la ciudad tuvo escuelas religiosas que elaboraron códices que hoy se muestran en el Museo Histórico Nacional en Tirana. Ocupada posteriormente por los otomanos fue definitivamente habitada por estos tras una breve apropiación serbia desde 1455 a 1912. Skanderbeg intentó conquistar la ciudadela, pero no lo consiguió, tampoco el rey Alfonso V de Aragón y Nápoles. En el siglo XVI, aunque la ciudad sufre un declive económico, es centro cultural religioso gracias a la obra pictórica postbizantina de la mano de Onufri. Destacó como centro artesanal especializado en la madera durante el gobierno de Ali Pachá Tepelena. En 1944 fue capital provisional de la Albania del gobierno clandestino de Enver Hoxha. Afortunadamente en 1961 su gobierno comunista la convirtió en ciudad museo, evitándose la destrucción del patrimonio religioso.

Berat se divide en tres barrios tradicionales: Mangalem (barrio otomano), Kalaja (barrio de la ciudadela) y Gorica (barrio cristiano), al otro lado

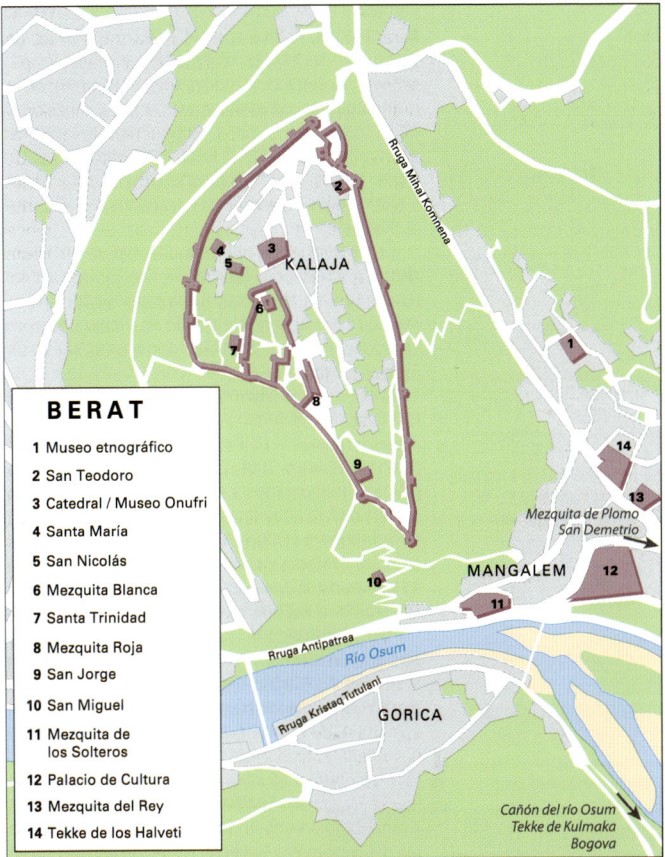

BERAT

1 Museo etnográfico
2 San Teodoro
3 Catedral / Museo Onufri
4 Santa María
5 San Nicolás
6 Mezquita Blanca
7 Santa Trinidad
8 Mezquita Roja
9 San Jorge
10 San Miguel
11 Mezquita de los Solteros
12 Palacio de Cultura
13 Mezquita del Rey
14 Tekke de los Halveti

del río Osum. La ciudad moderna se desarrolla junto a **Mangalem** (▶36) y resiguiendo el río con centro en la plaza del Ayuntamiento, lugar en el que E. Hoxha en 1944 forma el Consejo de Liberación Nacional y se convierte en primer ministro. Más allá se han construido edificios impactantes como el hotel que existe junto al río que parece un palacio o un parlamento.

La **Ciudadela** o *Kalaja* se trata, como se dijo en el apartado histórico, de la parte fundacional y núcleo histórico más antiguo de la ciudad ya que los barrios junto al río son de origen medieval y con un desarrollo sobre todo a partir de siglo XV. Se erige en una amplia colina de 187 m bajo el monte

Ciudadela
✉ Rruga Mihal Komnena
🕐 Abierta las 24 h
🎫 De acceso libre, en temporada turística se pagan 100 leks

Tomorri y sobre el meandro de río Osum. De planta triangular asimétrica constaba de 24 torres de defensa y en su interior albergaba, nada más y nada menos, 42 iglesias ortodoxas algunas convertidas en mezquita y otras desaparecieron, existiendo 8 en la actualidad. Al núcleo adoquinado se atraviesa por una monumental puerta abovedada o puerta norte que da a una explanada amurallada y varias casas algunas convertidas en cuidados restaurantes y alojamientos.

La primera iglesia que se observa es **San Teodoro** que conserva frescos de Onufri. Uno de los monumentos que encontramos callejeando es la **catedral de la Dormición de la Virgen**, antigua catedral del siglo x pero cuyo aspecto actual es de 1797 con tres naves y prominente iconostasio. En su lateral se halla el **Museo Onufri** (terminantemente prohibido hacer fotos) que conserva una rica obra de pinturas e iconos del siglo xvi, buena parte del maestro albanés Onufri y su hijo. El museo además muestra manuscritos y otros objetos sacros como cálices distribuidos en dos plantas.

Subiendo a la parte alta, la ciudadela vuelve a estar amurallada. Aquí se encuentran los restos de la **mezquita Blanca** (por el material en el que se realizó en el siglo xv) y la iglesia de **Santa María de las Blanquernas**. Saliendo por una puerta interna de la muralla de espectacular ubicación en una zona escarpada del castillo se halla la iglesia de la **Santísima Trinidad** del siglo xiii, quizá la que conserva mejor su estructura bizantina. Rehaciendo el camino hacia el mirador, en la zona más estrecha de la ciudadela se observa parte del minarete de la **Mezquita Roja** destruido por los nazis en la Segunda Guerra Mundial. Más adelante la **iglesia de San Jorge** (siglo xiv), reconvertida en restaurante en la época comunista, y bajando se llega a la torre sur que es un espléndido mirador donde observar los barrios de la ciudad: especialmente Gorica y los restos de su castillo. Extramuros se halla la **iglesia de San Miguel** (siglo xiii) que se observa perfectamente desde el vecino núcleo de Gorica (*abierta todos los días de 8 h a 10 h*).

En tiempos de los otomanos, **Gorica** fue el barrio cristiano con una fisonomía más desordenada y accidentada pues se asienta en las laderas del

Museo Onufri

- Ruggica Shën Triadha
- +355 32 23 22 48
- Todos los días de 9 a 18 h; el domingo de 10 a 15 h
- www.muzeumet-berat.al
- 500 leks

▼ La iglesia de la Santísima Trinidad conserva su aspecto bizantino.

Monte Shpirag donde se hallan los restos de un **castillo** ilirio con privilegiadas vistas hacia Magalem y el meandro del río. Las casas aquí tienen pórticos que dan a patios con un aire netamente mediterráneo. El núcleo se comunica por un moderno puente peatonal que sale del barrio de Magalem, así como otro **puente peatonal** más antiguo y cuyo origen hay que buscarlo en 1780 y que sustituía a uno de madera. Según la leyenda, para quitar el maleficio que acechaba su construcción se tuvo que sacrificar a una mujer, su cabeza en madera apareció al inicio del primer arco en la restauración del puente. La construcción monumental tiene 127 m de largo y siete arcos. El puente enmarca la silueta del barrio de Magalem siendo mágica la vista sobretodo a la noche. Las iglesias más destacables del núcleo son **Santo Tomás** ubicada en la parte oriental del barrio y sobre un espigón rocoso y la de **San Espiridón**, en la parte alta del barrio (*abierta todos los días de 8 h a 10 h*).

Ya en el inicio de la parte nueva de la ciudad y a continuación del barrio de Magalem se halla una plaza con el ayuntamiento, la catedral de hechuras casi gemela a la de Korça y el edificio más notorio, la **Mezquita de Plomo**, que adquiere el nombre por sus cúpulas cubiertas de este material. Es la más importante de Berat y data del año 1554, aunque profundamente restaurada. Muestra un delicado pórtico y 5 cúpulas con interior austero (*visitable como otras mezquitas después de la oración*). La mezquita fue utilizada como museo durante la etapa comunista.

La ciudad de Berat está enmarcada por los míticos **montes Tomorri** que son parque nacional cuyo pico más elevado, el Patizanit tiene 2.416 m. En el parque se halla el **tekke de Kulmaka** Baba Abaz Ali (Abbas Ibn Ali), a unos 1.500 m de altura. Según la tradición el personaje enterrado aquí procedía de Kerbala (Iraq) y fue traído en el 680; emparentado con el profeta Mahoma es venerado por la orden sufí de los bektasís muy extendida en Albania y con multitudinaria peregrinación entre el 20 y 25 de agosto. Bajo estos, siguiendo el curso del río Osum, se abre un paisaje donde son habituales las cascadas como las de **Bogova**, cercanas a la aldea del mismo nombre. Más arriba se pasa por la localidad **Çorovoda** con un destacado puente otomano a dos kilómetros después de la localidad. Unos cuantos kilómetros más arriba se abre el impresionante **Cañón del río Osum** donde en sus 15 km se practica el *rafting*, esencialmente entre abril y octubre.

▲ Busto gigante de Constantino el Grande en la Ciudadela.

▎Vlora y Costa Jónica (Riviera Albanesa)

Vlora es una de las ciudades portuarias más importantes de Albania ubicada en un espacio geográfico excepcional frente al estrecho de Otranto que separa el mar Adriático de la costa Jónica que ya mira a Grecia. Al sur se extiende uno de los paisajes más deseados y vistosos del país lo que se conoce como "Riviera Albanesa", una costa accidentada con las playas y calas más bellas de Albania. Esa costa está dibujada por pueblecitos encalados con blanco y azul que nos recuerda que aquí ya encontramos la cultura griega. Desgraciadamente la voracidad del turismo está impactando este mágico espacio natural con desmesuradas construcciones turísticas como la realizada en la playa Palazës bajo el parque nacional de Llogarasë. Saranda y sus playas del sur (Ksamil), así como la vieja Butrinto, bien merecen conocer esta bella región.

▲ El centro de Vlora se está transformando gracias a su apuesta total por el turismo.

▎VLORA (VLORË)

La tercera ciudad en importancia de Albania (80.000 habitantes; 189.000 el municipio) sorprende por su bullicio y actividad sobre todo en la avenida principal y los alrededores del puerto y avenida marítima. Se la considera la primera capital de Albania pues aquí Ismail Qemali declaró la independencia del estado albanés moderno el 28 de noviembre de 1912. La ciudad fue fundada por griegos corintios en el siglo VI a. C. que la bautizaron con el nombre de *Aulon*. Tuvo esplendor económico con los romanos exportando productos en su ruta comercial de la Via Egnatia y su floreciente puerto. Los posteriores colonizadores bizantinos hicieron que heredara el obispado existente en Apología y la rebautizaron con el nombre de *Avlonas*, nombre muy similar a como la conocen sus vecinos italianos: Valona.

Una ciudad en constante lucha que ha tenido mala fama por el tema de las mafias, la emigración ilegal y el contrabando, cada vez más controlado por el gobierno. La apuesta por el turismo está reconvirtiendo Vlora en un lugar seguro de servicios ideal para conocer la costa jónica. De hecho la construcción de una circunvalación y el túnel que atravesará los montes Llogara harán que en poco tiempo se pueda llegar a lo que se denomina tam-

🕐 Desplegable

Visit Vlora
✉ Rruga Sazani
☎ +355 68 809 9998
🕐 Abierta de todos los días de 7.30 a 21 h, sábado de 19.30 a 21.00 h

Vlöre Infopoint
✉ Paseo Marítimo, Rruga Sdik Zotaj
☎ +355 069 634 74 98
🕐 Abierta de 9 a 14 h y de 18 a 21 h. De 9 a 21 h en temporada estival

◄ Playa de Ksamil, dentro del territorio del Parque Nacional de Butrinto.

bién Riviera Albanesa. Por otro lado tiene un entorno natural envidiable con una enorme laguna al norte, la única isla albanesa frente a sus costas y la virgen península de Karaburun y el macizo Llogara al sur. Si sus playas más cercanas han sufrido una fuerte especulación y contaminación más al sur junto a la citada península son de las mejores de Albania.

En el centro de la ciudad una gran explanada rodeada de jardines es la **Plaza de la Bandera** o *shesi i Flamurit*. Fue en este lugar donde el 28 de diciembre de 1912 se izó la bandera nacional como símbolo de la independencia. En ese lugar se levanta un gran monumento de arquitectura típicamente comunista al estilo brutalista. Ese día de cada año se celebra un acto de recuerdo y conmemoración al que asisten las primeras autoridades del país.

Detrás, en el parque, se encuentra la **tumba de Ismail Qemali**, padre de la nación y originario de Vlora. También en el parque se hallan las ruinas de fortificaciones romanas. En un lateral del monumental porche o tribuna se halla la moderna **calle Justin Godart** repleta de terrazas de bares y restaurantes, así como galerías de arte, un lugar que indica el giro al turismo que quiere dar la localidad. De aquí parte la ajetreada Rruga Sadik Zotaj donde están sendos monumentos a independentistas y revolucionarios como Avni Rusteni o Marigo Posio, quien elaboró la primera bandera albanesa: roja con ribete amarillo y un águila bicéfala negra.

Algo más arriba de la plaza se halla el **Museo Histórico**, ubicado en un edificio neoclásico centra su temática en la historia antigua y medieval, así como en la etapa de dominación otomana de la ciudad, con objetos de excavaciones hallados en Vlora y sus alrededores: castillo de Kanina y yacimiento arqueológico de Orikum. La segunda planta se centra en la independencia y la guerra contra los italianos en 1920. Entre las curiosidades expuestas destacar la máscara de la aldea de Narta cuyos habitantes están orgullosos de hablar un dialecto del griego.

▲ Monumento commemorativo en la plaza de la Bandera.

•••••••••
Museo Histórico
✉ Rruga Perlat Rexhepi
🕐 Todos los días, salvo el lunes, de 8 h a 16 h, sábados y domingos de 9 h a 14 h
💶 100 leks

▎ Justin Godart

Se trata de un político francés, pero que se conoce más en Albania y los Balcanes, nacido en 1870 que fue alcalde de Lyon y ministro. Socialista radical se centró en defender los derechos de las clases trabajadoras e inmigrantes de los países del Cáucaso y los Balcanes. En su visita a Vlora en 1920 declaró: "Los amigos de la libertad vendrán a ella en peregrinación; triste país de injusticia y sufrimiento durante siglos, se convertirá en la tierra prometida del optimismo". Pudiera ser que a pesar de los impedimentos, Albania uno de los países más pobres de Europa, siga este camino.

También se puede observar un pequeño artilugio que los habitantes de Vlora utilizaban para evitar el bloqueo de la señal de las cadenas de la cercana Italia y crear el aislamiento televisivo que imponía el régimen comunista.

Rodeada de altos edificios y en el centro, cerca de la plaza de la Bandera se halla la antigua **Mezquita Muradie**, bien conservada como uno de los pocos monumentos antiguos que conserva esta ciudad. La construcción es del siglo XVI y sus características paredes son a rayas alternando ladrillos rojizos y piedra caliza. Su típica forma con airado minarete fue proyecto del famoso Mimar Siman, "el Miguel Ángel de Oriente") que diseñó tantas obras en el imperio otomano, sobre todo en Estambul donde proyectó la mezquita Suleimán.

EL **Museo Nacional de la Independencia** no es un museo relevante solo para los amantes de la historia. Quizá es más relevante que en este edificio, cercano al puerto, se hizo la declaración de independencia y fue sede del primer gobierno presidido por Ismail Qemali que consiguió la independencia del Imperio Otomano. Se pueden ver las estancias del gobierno en lo que fue un hospital para enfermos en cuarentena. Muestra documentos históricos, fotografías, mapas de Albania y Vlora. Fue el primer museo abierto en Albania y data de 1936. Cercano está el **puerto** desde donde parten barcos para Brindisi y Bari. Es punto de salida de las embarcaciones que visitan, sobre todo en época estival, el Parque Nacional de la isla de Sazan y la Península de Karaburun. El puerto comercial y la terminal petrolera se hallan al noroeste cerca de la laguna de Narta. En proyecto para dinamizar el puerto está la construcción de otro que acoja veleros, yates y cruceros, algunos de los cuales ya atracan aquí.

Museo Nacional de la Independencia
✉ Sheshi Pasarais
☎ +355 692 06 53 90
🕐 Todos los días de 8 h a 11 h y de 17 h a 22 h; los domingos solo abren por la mañana
🎫 300 leks

▼ Pasarela de madera en el puerto de Vlora.

- ⚙ Desplegable
- ✉ 8 km al sur de Ballsh
- ☎ +355 34 90 01 28
- ⚙ Todos los días de 8 h a 18 h
  y hasta las 16 h en invierno
- 🌐 www.archeoparks-albania.
  com
- 🎫 300 leks

▐ BYLLIS (YACIMIENTO ARQUEOLÓGICO) ✱

Aunque en la latitud de Vlora, Byllis tiene su acceso por los campos de petróleo de Fier, concretamente por la SH4 de Fier a Gjirokastra. Asentada sobre una colina con muy buenas vistas hacia el lecho del río Vjose está este yacimiento arqueológico que data del siglo IV a. C. Según la mitología griega el hijo de Aquiles vivió aquí a su regreso de la guerra de Troya. Conquistada por los macedonios en el 314 a. C. por el sucesor de Alejandro Magno la ciudad adquirió importancia en tiempo de los romanos que la conquistaron. Justiniano I la amuralló, dotó de torres hoy todavía destacables como sus 6 puertas.

Aún así las diferentes invasiones hicieron que sus habitantes abandonaran la ciudad. Es por ello que cuando se visita la ciudad se deben distinguir bien dos de sus etapas, una **griega** o helenística, con la existencia de un teatro, estadio y ágora, y otra **paleocristiana** cuando Byllis fue obispado y se construyeron 5 basílicas algunas de las cuales como la catedral conservan mosaicos cubiertos para así ser protegidos. Las principales construcciones se hallan en un segundo perímetro de murallas.

Muy cercana y menos interesante, a 4 km junto a la aldea de Klos se hallan las ruinas de la ciudad de **Nikaja**, de la segunda mitad del siglo V a. C. La ciudad helenística fue arrasada por los romanos en el 167 a. C.

▼ Restos de la catedral cristiana en el yacimiento de Byllis.

ISLA DE ZVËRNEC

Se trata de una pequeña isleta ubicada al sur de la laguna de Narta, la segunda más grande del país y que recibe aguas del río Vjosë que aquí desemboca. Es un espacio natural protegido muy curioso a nivel paisajístico. Vigilada por búnkeres la isla está unida

⚙ Desplegable

◀ Monasterio de la Dormición de Santa María.

por un nuevo puente de madera ideal para tomar fotos sobretodo con las puestas de sol. En la isla se halla un bonito monasterio dedicado a la **Dormición de Santa María** (siglo XIII) que se puede visitar con la autorización del guardia. El complejo monástico comprende edificios monacales y el cementerio donde está enterrada entre otros Marigo Posio, la mujer que confeccionó la primera bandera albanesa. El monasterio porticado da a un recogido y oscuro interior donde es interesante un destacado iconos-

tasio y restos de pinturas bizantinas. Del monasterio fue quemada su biblioteca y reconvertido en prisión de presos políticos por parte del régimen comunista. Una vez en la isla se puede recorrer en parte su perímetro que por la vegetación se ve que fue lugar humanizado durante siglos, hecho atestiguado por el monasterio o la capilla de la Trinidad.

En los alrededores existen grandes salinas y el pequeño islote de Karakonjishti. Hay una pista sin asfaltar que circunda parte de la laguna y pasa por **Narta Beach**, un arenal con aguas poco profundas ideal para quien viaja con niños. En las inmediaciones existen dos pueblecitos habitados principalmente por griegos: **Zvërnec** y **Narta**, famosa por sus carnavales de características máscaras que se celebran a mediados de abril.

I CASTILLO DE KANINA

Desplegable
5 km al este por la nueva carretera de circunvalación Vlora-Kanina-Orikum
Todos los días de 8 h a 18 h
300 leks

▼ Restos de torres de defensa en el castillo de Kanina.

Se accede por la nueva carretera alternativa al congestionado litoral y que permite excelentes vistas a Vlora y su entorno, así como a la isla de Sazan y la Península de Karaburun. Del castillo poco queda si no los restos de su extenso recinto amurallado, su puerta de entrada y restos de torres de defensa. Pero es interesante subir sobre todo por las magníficas vistas que ofrece desde esta colina cercana al mar con 380 m de altitud. La fortaleza ya fue realizada por los romanos en el siglo III a. C. y fue bizantina en tiempos del emperador Justiniano. Después los otomanos y venecianos reforzaron sus defensas. Fue feudo de una rica familia cuya hija Donica Arianiti se casó con el héroe Skanderbeg en el no lejano monasterio de Ardénica. Bajo el bastión se halla el pueblecito de **Kanina** con su mezquita que ofrece la posibilidad de comer en restaurantes con bonitas vistas.

En el litoral se halla la conocida **playa de Uji i Ftohtë** (su significado "Agua Fría" por los manantiales que fluyen a su litoral), una de las playas preferidas de los habitantes de Vlora. Antes era un lugar reservado a la ortodoxia del partido teniendo aquí residencia estival el propio Enver Hoxha.

Desplegable

I PARQUE NAC. DE SAZAN-KARABURUN ★★

Se trata de un amplio espacio natural marítimo terrestre que abarca la Península de Karaburun, donde hay una base militar y un yacimiento arqueológico, y la isla de Sazan, codiciada incluso por los chinos y los rusos que proyectaron aquí una base de submarinos (en época comunista) por ser un punto de control en el estrecho de Otranto que comunica el Mar Adriático con el Jónico. Para acceder por tierra a la Península hay que llegar al núcleo turístico de Orikum pasando un litoral desde Vlora muy afectado por la especulación urbanística y el mal gusto donde proliferan hoteles y apartamentos que ocupan cualquier rincón del litoral. **Orikum** mantiene un aire más auténtico con su puerto pesquero y sus playas.

Al final de la playa la carretera llega a un control militar donde hay que dejar nuestra identificación para acceder, por una surrealista pista asfaltada vigilada por desmontados búnkeres que se usan como dique de contención de aguas y espacios militares abandonados (aviones en desuso), al **yacimiento de Orikum**, al parecer una ciudad fundada en el siglo VI a. C. por colonos griegos de la isla de Eubea que aquí tuvieron un puerto. Los romanos la tomaron como plaza fuerte en su lucha contra los ilirios. Los restos que se observan en la actualidad son del siglo I a. C. destacando su teatro que podía acoger a 400 personas y donde se observa perfectamente la *orchestra* y las escaleras que ascendían a la acrópolis y al templo dedicado a Dionisos, hoy ocupada por viejos olivos. Los otomanos bautizaron el lugar como Pasha Liman, nombre que adquiere la laguna cercana. Buena parte del puerto, murallas y calzadas se pierden en el mar y en las vecinas y enigmáticas construcciones militares del comunismo albanés. El resto de la península sus playas e interesantes cuevas se pueden visitar por mar con empresas especializadas desde el puerto Radhima, cercano a Vlora, o los propios pescadores de la localidad de Orikum.

La **isla de Sazan** (5,7 km^2) se abrió a embarcaciones recreativas en 2015; antes era un misterio vigilado por el viejo faro así como por los omnipresentes búnkers. Destaca la playa del Almirante a la que se accede en barca desde los puertos de Radhima, Orikum o la propia localidad de Vlora, de la que dista 9 km. De sus colinas de más de 300 m parte un pequeño río y hay senderos que la recorren. La isla, sin población permanente en la actualidad, fue isla veneciana entre 1389 y 1797, griega desde 1864, luego italiana en 1913 que la conocen como *Saseno* (siendo base militar durante la Segunda Guerra Mundial) para ser albanesa en 1947. Las guerras que se produjeron en sus cercanías desde la época de Julio César hasta la actualidad hacen que sus fondos submarinos sean muy interesantes a nivel arqueológico. Desde 1997 hasta 2009 los guardacostas italianos se estacionaron en la costa este de la isla en la bahía de Shënkolla para controlar el tráfico e inmigración ilegal. La isla tiene más de 10 especies protegidas de anfibios.

Yacimiento de Orikum
- Rruga Pashaliman
- Todos los días de 8 h a 16 h en invierno; hasta las 18 h en verano
- 200 leks; hay que enseñar el documento de identidad en la garita militar.

▼ Tupida vegetación en la pequeña isla de Sazan.

● Desplegable

▲ Uno de los grandes atractivos de la Riviera es su sabrosa gastronomía.

▼ Casas blancas y cúpulas azules caracterizan al pueblo de Dhërmi.

▎Riviera Albanesa

Es la marca turística por excelencia de Albania, un combinado ideal de litoral netamente mediterráneo de gran belleza estética, aguas turquesas, pueblitos típicos donde se mezcla la cultura albanesa y la griega, así como en el verano mucho sol y diversión. Si a ello se le suma la sabrosa gastronomía local el resultado es un cóctel ideal sin pagar los precios excesivos de sus vecinos griegos y, sobre todo, italianos.

▎PARQUE NACIONAL DE LLOGARA (▶38) ★★★

▎DHËRMI (DRIMADES) ★★

Cuando uno va por la carretera de montaña SH8 una vez ha pasado el panorámico paso de Llogara (a 17 km) nos damos cuenta que se ha cambiado de país o paisaje, pero seguimos en Albania, la Albania de ascendencia griega. La panorámica de Dhërmi (1.760 habitantes) con sus casas blancas y cúpulas celestes de sus iglesias nos indican ese cambio de paisaje y cultura, ya frente a las tres islas principales del archipiélago de Daipontia y Corfú. El bello pueblo pertenece al municipio de Himara (condado de Vlora). El casco antiguo se halla colgado en la montaña a mas de 200 m de altura, luego se han desarrollado pequeños emporios turísticos con hoteles y campings bastante recientes en la costa; además de las **playas de Dhërmi**, **Dhrale** y **Drymades**, cerca se hallan otras calas muy bellas como la **Bahía de Grammata** y otras más estro-

peadas por la construcción desenfrenada como la **playa de Palasa** (▶39; "Diez lugares inolvidables"). Buena parte de las bellas casonas con sus portadas de piedra caliza y sus muros blancos donde se desparraman higueras y viñedos son ahora segundas residencias, ya que buena parte de sus habitantes emigraron a Grecia en el crisis de los años 90. De los 30 templos que tenía el núcleo destaca sobre todos el **monasterio de la Panagia**, que ofrece unas espectaculares vistas hacia el mar y el pueblo. Su interior tiene curiosos frescos del siglo XVI sobre todo los referidos al demonio.

En **Dhermï Beach** se celebra a finales de junio uno de los festivales de música tecno más importantes de los Balcanes, el Kala Festival (*www.kala. al*). Por su parte **Drymades** con su gran arenal al que se llega por una carretera llena de curvas tiene gran variedad de servicios.

▌ VUNO (VUNOI)

Pertenciente también al municipio de Himara, es un pueblecito blanco (486 habitantes) colgado de la montaña y mirando al mar en forma de teatro con sus casas escalonadas. No en balde el significado del topónimo griego es "montaña". Sus estrechas calles que ahora son mayoritariamente segunda residencia cuenta con 25 iglesias y capillas ortodoxas como la del **monasterio de San Espiridon**, con frescos en su interior.

En la costa se hallan las hermosas playas de la animada **Jala** (dispone de una playa privada Folie Marine), **Livedhi**, **Akuariun Beach** y la más bonita, a la que se accede caminando durante 30 minutos desde el parking, la playa de **Gjipesë** o **Gjipe Beach**, al final de un gran barranco con un acantilado de unos 70 m. Las aguas color turquesa enamorarán a cualquier visitante. Existe un chiringuito que abre esencialmente en temporada alta. Desde el aparcamiento vigilado (200 leks), al que se llega por una estrecha carretera, se puede acceder al apartado y sencillo **monasterio de San Teodoro** que el mismo guarda del parking puede mostrar pues normalmente está cerrado. Como curiosidad, la playa supuestamente era una playa privada que pertenecía a la hija de Enver Hoxha y, por mimetismo, uno de sus sucesores Sali Belisha, en este caso de la oposición, hizo lo mismo y se la dio en propiedad a su hija. La realidad es que se puede acceder, bien por embarcación desde la vecina playa de Jale, bien por un camino solo practicable en 4x4, o mediante una excursión de 30 minutos que bien merece la pena.

● ● ● ● ● ● ● ● ●

🔄 Desplegable

▼ Playa de Gjipesë.

• • • • • • • •
⊙ Desplegable

HIMARA (HIMARË) ⋆⋆

Es la capital municipal (7.800 habitantes) y el centro de servicios de 7 pueblos (Palasa, Dhërmi, Vuno, Qeparo, Kudhës, Pilur e Ilias). El municipio en sí consta de dos núcleos, el casco antiguo en la parte alta con los restos del castillo y casas más antiguas y la parte del puerto y paseo marítimo o como los lugareños la llaman, *Promenade*, que se ha desarrollado con el turismo. Himara también tiene playas cercanas, todas ellas con servicios: **Spile**, con sus bares, restaurantes y hoteles, **Potami**, ideal para los deportes náuticos, y la más apartada de **Llamani** más frecuentada por jóvenes ansiosos de fiesta.

Las **ruinas del castillo** o *kastro* se conocen como Alí Pachá, una fortaleza de la que quedan solo muros y algunas derruidas torres que se construyó en el siglo XIII. Dentro del castillo se conservan casas, algunas modificadas y habitadas, así como varias iglesias. A la salida del pueblo hacia el interior se halla una gruta prehistórica que la mitología la relaciona con Polifemo y que ya fue lugar habitado en el Neolítico. El paseo marítimo tiene una agradable playa de arena y en sus alrededores hay apartamentos, hoteles, tabernas con sabor genuinamente griego y alguna recomendable pastelería ideal para hablar con los locales.

• • • • • • • •
⊙ Desplegable

Castillo de Porto Palermo
✉ Junto a carretera SH8
⊙ Todos los días de 9 h a 19 h
⊟ 100 leks

▼ Escenográfica ubicación del castillo de Porto Palermo.

PORTO PALERMO ⋆⋆

Se halla en una bahía muy pintoresca mitad paraje natural mitad militar. Como curiosidad, viniendo de Himara en una curva de la bahía se observa un túnel donde se escondían supuestamente los submarinos nucleares soviéticos; no se puede visitar pues es una base militar, pero se puede observar perfectamente desde la carretera. En una isleta unida por un istmo y pasado uno de los mejores restaurantes de la zona y la pequeña iglesia de San Nicolás se llega al **castillo de Porto Palermo**.

Castillo de curiosa planta en triángulo rematado por sendas torres hexagonales en sus vértices cuya fisonomía actual data de inicios del siglo XIX cuando se modificó el castillo original veneciano del siglo XVI. La fortaleza que emerge de la vegetación presenta enigmáticas estancias y celdas bien conservadas que seguro guardan las energías de cuando fue prisión durante la ocupación italiana durante la Segunda Guerra Mundial. Según la leyenda esta isla tiene un tesoro, su ubicación solo la conocía el gobernador otomano de la plaza defensiva en el momento de su construcción. Cuentan también que al parecer también se alojó Lord Byron y cono-

ció al mismísimo Alí Pachá. El castillo se asienta en lo que fue una antigua isla donde antes había un monasterio y una vieja fortaleza.

▲ Bahía de Porto Palermo y al fondo el castillo.

I QEPARO ✱

Presenta un amplio arenal sobre el cual se halla el casco antiguo o **Qeparo Fshat** sobre las laderas del monte Gjivlah y también el núcleo antiguo de **Borsh** con su impresionante castillo roquedo. Qeparo Fshat todavía no es muy conocido por los turistas y presenta un carácter típicamente griego con sus calles empedradas e iglesias como el monasterio de San Demetrio del siglo XVIII. Más arriba se alzan las ruinas del castillo de Karos cuyos orígenes se remontan al siglo IV d. C. con un panorama increíble. **Qeparo Fshti i Ri** es el nuevo Qeparo que se desarrolla en el amplio litoral de guijarros con todos los servicios, incluidos hoteles.

Desde esta amplia playa con retaguardia típicamente mediterránea (olivos y frutales) se halla el pueblecito colgado de **Borsh** que también tiene una amplia sucesión de playas. Pasado el núcleo se llega a lo que es el castillo bizantino transformado a inicios del siglo XIX por Ali Pachá encaramado a la roca y la mezquita (es el único pueblo musulmán de esta zona). Tiene manantiales que surgen de los escarpados riscos de su geografía. Hay que detenerse junto a la carretera SH8 en la parte alta del pueblo donde surge una cascada en **Ujvara**. Desde aquí a Saranda varias playas como **Kakomese**, **Krorezes**, **Krorezit** y la de **Shepella**, muy popular entre los albaneses.

● ● ● ● ● ● ● ●

🕐 Desplegable

⊙ Desplegable

Oficina de Turismo
✉ Shetitorja Naim Frashëri
☎ +355 852 24 124
⊙ Todos los días de 8 h a 22 h
(hasta las 18 h en invierno)

Museos de Arqueología y de Tradiciones
✉ 19, rruga Flamurit
⊙ **Arqueología**: todos los
días, salvo el lunes, de 9 h
a 13 h y de 19 h a 22 h,
jueves de 17 h a 22 h, fines
de semana de 19 h a 22 h:
Tradiciones: abierto todos
los días, salvo los fines de
semana, de 9 h a 14 h y de
16 h a 21 h
✉ 100 leks, los dos museos

▼ Puerto de Saranda.

⊙ Desplegable
✉ Monumenti i Natyrës Syri i
Kaltër
🅿 Aparcamiento:
200 leks/ hasta 3 h;
acceso: 50 leks

SARANDA (SARANDË)

Es el principal núcleo (20.000 habitantes; 42.000 el municipio) del sur de Albania y de la Riviera Albanesa. La ciudad ha crecido y se ha agolpado junto al litoral, enterrando entre altos e impersonales edificios los pocos monumentos existentes en la ciudad portuaria. Es agradable su Paseo Marítimo, donde llega algún crucero, y el recoleto puerto pesquero, siempre animado por los restaurantes y cafés circundantes. Quizá la proximidad de Grecia o las magníficas ruinas de Butrinto hizo que Saranda fuera ya incipientemente turística durante la época comunista. Sus playas algo contaminadas y cada vez con más construcciones están cerca del litoral de la isla griega de Corfú desde donde se puede ir en barco en poco tiempo.

Entre el impersonal y siempre atascado casco urbano se distingue las ruinas de la **Sinagoga** de la que quedan los cimientos del siglo IV mezclados con una basílica del siglo VI y los ricos mosaicos que están cubiertos para su protección. Otro edificio destacable situado sobre la colina es el que da nombre a la ciudad, el **Monasterio de los Cuarenta Santos** que aunque data del siglo VI fue bombardeado durante la Segunda Guerra Mundial. Destacan sus ruinas y los frescos existentes en la cripta. Frente a la otra colina se hallan los restos del **castillo de Lëkurësi** mandado construir por el otomano Suleimán el Magnífico en el siglo XVI.

La localidad también tiene dos pequeños museos de escaso interés, uno dedicado a la arqueología y otro contiguo dedicado a las tradiciones. Cercana y yendo hacia Ksamil se halla la recoleta y pequeña bahía rocosa denominada **playa del Monasterio** (*Manastiri*) que toma el nombre del monasterio de San Jorge, fortificado de origen bizantino, existente sobre esta colina y desde donde se contempla a lo lejos la ciudad y puerto de Saranda. Hoy la playa cercana al inicio del lago Butrinto está ocupada por una moderna e insulsa urbanización.

OJO AZUL (BLUE EYE) ✶✶

A 17 km de Saranda se halla esta surgencia natural de agua que emana de una poza de al menos 50 m de profundidad. El color azul cada vez más intenso conforme miramos al centro combinado con la exuberante vegetación del lugar hace que sea una visita obligada en el sur de Albania. Es por eso que si no se escoge la primera hora de la mañana el lugar puede estar saturado y la experiencia resulte negativa. Desde el parking hay que caminar unos dos kilómetros y luego se llega a unas plataformas de madera desde donde observar este monumento natural. Un puente atraviesa el río Bistrica que desemboca cerca de Saranda, aunque está prohibido bañarse siempre hay personas que se saltan la norma y se atreven a bañarse en sus aguas frías. Existen servicios tales como dos restaurantes junto a la poza. El espacio natural enmarcado con la Gran Montaña (Mali i Gjerë) fue reserva de caza y pesca durante la etapa comunista.

▲ Poza Ojo Azul.

| MESOPOTAM ✱

Este nombre tan evocador que nos recuerda una región de Oriente Próximo es el que denomina a un pueblecito cercano a Saranda (unos 10 km al noreste) y donde se halla la bella construcción típicamente bizantina del *katolicon* de **San Nicolás** (siglo XI) que formó parte de un complejo monástico amurallado. La iglesia restaurada es de interesante exterior con motivos escultóricos añadidos en sus paredes de animales mitológicos. El fuerte terremoto que sufrió en 1510 puede ser que influyese en la variedad de materiales de sus muros cubiertos por cuatro cúpulas. Su interior también muestra frescos en restauración de esa época. Como curiosidad presenta dos naves que podrían estar separadas para servir a dos cultos del cristianismo: la corriente católica y la ortodoxa. De aquí el curioso nombre "entre dos ríos" aunque también por aquí discurren dos afluentes del río Bistrica que favorecen el verdor del paisaje.

⟳ Desplegable

| KSAMIL ✱✱

Quien iba a decir que este tranquilo pueblo (9.200 habitantes) de temporeros agrícolas con una docena de casas y un restaurante y la cercana residencia veraniega de E. Hoxha se convertiría en poco tiempo en un lugar de moda a la sombra de esas tres minúsculas y exuberantes isletas que parapetan su litoral. Pues así fue y el litoral ahora es un glamuroso paseo marítimo envuelto en modernos hoteles, restaurantes, bares chill out y discotecas. La playa **Bora Bora Beach** es un fino arenal enfrente de la isla principal que también dispone de una idílica playita, en realidad un tómbolo de arena que une dos islotes y por eso llamada *Iahujt Binjak* (islas gemelas). Agosto es el peor mes para disfrutar del entorno de Ksamil, eso sí, la fiesta está asegurada pues la mencionada playa, la de **Freskia e Jonit** y la de **Apolonia** se ponen a reventar de gente sobre todo joven.

⟳ Desplegable

EXCURSIÓN A MACEDONIA DEL NORTE

Una excursión a la vecina Macedonia del Norte es fácil pues si se tiene coche alquilado normalmente se puede acceder al país adquiriendo una carta verde. Macedonia del Norte (25.713 km^2 y 1.850.000 habitantes), sobre todo el oeste del país e incluso su capital Skopie, tiene una importante población albanesa. Los principales pasos fronterizos se hallan junto al lago Ohrid y algo más al norte cerca de la localidad de Peshkopi.

▌ El pintoresco **lago Prespa** tiene islas con sus santuarios como **Golen Grad** (cercano al lugar de veraneo preferido por Tito) o la fabulosa iglesia de **San Jorge de Kubinovo.** Son destacables localidades cercanas de interés etnográfico como Ljobojno, Brajcino y más apartada la localidad de **Krklino**, ya cerca de Bitola, interesante punto de servicios e importante ciudad de Macedonia del Norte. **Bitola** es monumental y muestra imponentes iglesias, mezquitas, así como un Museo de historia centrado en la Guerra de los Balcanes. Cercanas las ruinas de **Heraclea Lincestis** en la Vía Egnatia. Entre Vitola y Skopje se halla el bonito pueblo de **Krushevo**, en un paraje rodeado de montañas.

Por su parte el lago Ohrid tiene dos bonitas localidades litorales como son Trepjca y Radozda (**monasterio de Kalista**). Muy cercana, al norte, **Vevcani** que es un inventado microestado sin reconocer internacionalmente donde degustar la cocina macedonia. **Ohrid** (Patrimonio de la Humanidad) es uno de los imprescindibles de Macedonia del Norte por el importante patrimonio histórico-artístico y su emplazamiento junto al lago. Destaca su castillo y numerosas iglesias como San Juan Kaneo y el cercano **Monasterio de San Naum**.

▌ Más al norte se puede disfrutar de la vida rural del país en pintorescas localidades como Lazaropole, **Jance** (Janche) o Galicnik en la zona más montañosa y elevada del país, el Monte Korab. **Tetovo** es otra importante localidad de Macedonia del Norte, no muy distante de Prizren en Kosovo, donde destaca su fabulosa Mezquita Pintada. Tetovo está junto al **Parque Nacional del lago Mavrovo** donde se halla el monasterio más conocido del país: **San Juan Bigorski**.

Finalmente **Skopie**, la capital, aglutina más del 40 % de la población de la pequeña república, muy afectada por terremotos, su remozado casco antiguo destaca por su castillo, su típico bazar, su museo arqueológico, las nuevas plazas y avenidas con grandes monumentos, por ejemplo a Alejandro Magno y sus familiares, y puentes que a veces nos recuerdan hitos de otras capitales turísticas europeas. Al ser la capital reúne modernos centros administrativos y de gobierno. Una excursión imprescindible desde Skopie (a unos 30 min.) es ir al impresionante **Cañón de Matka**.

▲ Las playas de Ksamil tienen aguas turquesas y están muy bien equipadas.

Entre Ksamil y Saranda existen otras playas también muy concurridas: la **Bahía de Harta** (más familiar y menos masificada), la **playa de las Gaviotas** (*Pulëbardha Beach*) con excelentes vistas y restaurantes pero muy masificada en verano, la **playa del Monasterio** o *Manastiri Beach* una pequeña bahía rocosa ya ocupada por apartamentos o la **Playa de los Espejos** o *Mirror Beach*, la más cercana a la ciudad e ideal para la practica de deportes náuticos.

PARQUE NACIONAL DE BUTRINTO ★★

Se trata de un gran espacio natural de casi 100 km² (1/5 parte de la superficie del Principado de Andorra) compuesto por un exuberante y rocoso litoral (que incluye Ksamil), dos lagos, el de Butrinto en cuya isleta se halla el famoso yacimiento y otro menor Rrezës, así como un territorio extenso de marismas que miran a la vecina isla de Corfú. Aparte de la visita a la vieja ciudad de **Butrinto** se recomienda tomar una barca en Ksamil y poder ir al **castillo** del famoso Ali Pachá Tepelena ubicado junto al Canal Vivari que lleva a las ruinas y a las marismas exteriores frente a la vecina Corfú. El castillo fue residencia de este histórico personaje aunque ya era una construcción de los venecianos que estuvieron aquí desde 1386 a 1797.

La carretera de Ksamil a Butrinto también permite bellísimas vistas desde la montaña Sotires a las marismas que resplandecen al atardecer.

PARQUE ARQUEOLÓGICO DE BUTRINTO ★★★

(►40; Diez lugares inolvidables)

⟳ Desplegable

I Interior de Albania

El interior de Albania (la mitad sur) conserva los secretos mejor guardados del país. Aparte de las conocidas ciudades de Korça y la monumental Gjrokastra, el viajero podrá descubrir los lagos albaneses Ohrid y los dos lagos Prespa (menos conocidos) y lugar de minorías étnicas. Elbasan sorprende con su enorme muralla, Voskopoja por sus iglesias y su minoría cultural arumana y, al sur, se extiende el Epiro Albanés, las montañas más desconocidas, pero también las más impresionantes del país.

I GJIROKASTRA ★★★

Es una ciudad museo de Albania, junto con Berat son Patrimonio de la Humanidad de la Unesco. En el caso de Gjirokastra el casco urbano y sus monumentos poco se alteraron al contrario de otras ciudades albanesas que perdieron una parte del legado, al menos el religioso (hoy reconstruido), en la etapa comunista. En el caso de Gjirokastra estaba "justificado" pues es donde nació el líder comunista y aquí vivía su familia. Curiosamente aquí nació también uno de los personajes indiscutibles de la cultura albanesa: Ismail Kadaré.

Gjirokastra rodeada de altas montañas y sobre un altozano que domina el amplio valle del Drin bien vale la pena visitarla y degustarla con calma: subir a su enorme fortaleza, pasear por su bazar, contemplar sus casas-torre musulmanas, visitar sus museos, o perderse en la vecina y desconocida **región del Dropull**, donde se esconde una joya del arte bizantino: **Kryqit**.

El pasado de la localidad hay que localizarlo en la cercana Antigonea en el siglo III a. C. En la etapa de Bizancio era conocida con el nombre griego de *Argyropolis*, los materiales metamórficos oscuros de los que está realizada la ciudad brillan como la plata cuando está mojada y de aquí el nombre de "ciudad de plata". Todavía esto se puede contemplar en apacibles días de lluvia. Ligada al Epiro (hoy región natural que Albania comparte con Grecia) la ciudad pasa al Despotado de Epiro (1205-1479), gobernado por déspotas que aplican su poder sin límites, hasta que en 1417 pasa a manos de los otomanos. En 1811 Alí Pachá Tepelena se hace con la ciudad y se revelará contra el poder de los turcos. Reforzará el castillo medieval y muchas de sus viviendas adquirirán ese aspecto defensivo que conservan en la actualidad.

○ Desplegable

Oficina de Turismo
○ Sheshi Çerçiz Topulli
☎ +355 694 098 988
○ Todos los días de 9 h a 17 h
○ www.visit-gjirokastra.com

◄ Bonito empedrado en la calle del bazar de Gjirokastra.

▲ Las casas tradicionales de Gjirokastra conservan un aspecto defensivo.

Las guerras mundiales fueron aprovechadas para que la vecina Grecia ocupase el territorio como lo hicieron alemanes e italianos en la Segunda Guerra Mundial. El comunismo creo aquí un polo industrial y comercial. La casa de Enver Hoxha, hoy restaurado museo, fue destruida en las revueltas contra el gobierno liberal de Sali Berisha. La ciudad siempre mostró ese aire de dominio y lucha como hizo en 1880 creando un movimiento de liberación albanés.

El centro de Gjirokastra es en sí las calles del **bazar** ubicadas en la zona alta, siempre en pendiente, de la ciudad. Marca su inicio una monumental mezquita que adquiere el nombre del barrio y que salvando la pendiente parece estar elevada en un pedestal; construida en 1757 se salvó de la quema durante el comunismo. Cercano también con cúpula un antiguo *tekke* bektashi, hoy escuela coránica. El bazar se ha ido trasladando de lugar y también ha ido modificando su aspecto, ahora es un bazar turístico donde se han abierto además de las tiendas, modernos cafés y bares. La fisonomía actual del bazar es de 1912 cuando se reconstruyó debido a un incendio que lo arrasó prácticamente todo en 1750.

Pasear por sus adoquinadas calles, de todas formas, sigue siendo muy evocador siempre con la característica torre del **castillo** (▶42; Diez lugares inolvidables) enmarcando nuestro itinerario. Una de las calles principales del bazar desemboca en la **plaza Topulli** (héroe revolucionario). Aquí dadas las buenas panorámicas sobre el resto de la ciudad se halla alguno de los mejores hoteles de la ciudad. También se pueden observar aparte de la estatua al héroe, las 7 fuentes que nos indica que aquí hubo una mezquita hoy ya inexistente. En la plaza existe un túnel que comunicaba con el castillo utilizado como gran búnker y que se puede visitar (información en la Oficina de Turismo).

La **Casa Skënduli** es uno de los mejores ejemplos de casas otomanas de carácter fortificado que existen en la ciudad. Su origen es del siglo XVII modificada en 1827; la familia que da el nombre al magno edificio vivió en ella hasta hace pocos años. Llegó a ser museo etnográfico durante el período comunista y constituye la mansión más rica de la ciudad con numerosos baños y hamman, doce dormitorios, 9 chimeneas, una gran cisterna… y hasta 64 ventanas. Como fortaleza defensiva destaca la parte superior de la casas desde donde los propietarios obtenían fantásticas vistas sobre sus propiedades en el fértil valle del Drino.

La casa natal de Enver Hoxha ha sido actualmente convertida en un interesante **Museo Etnográfico**, pero también como denuncia de la barbarie comunista sobre todo con la religión; en definitiva Albania tuvo su propia religión, el "Enverismo" o culto al líder Hoxha, personaje algunas veces en exceso demonizado y caricaturizado. La casa presenta a su vez diversas estancias de lo que era una casa otomana reconstruida en 1966 y se puede subir hasta la parte alta o azotea para disfrutar de excelentes vistas.

También en la parte baja de la localidad se halla la **Casa Museo Kadaré**, mansión en la que nació Ismail Kadaré. Se trata de una casa otomana fortificada construida en 1677 y hoy transformada en museo de su persona y obra, así como centro cultural. Sus estancias totalmente modernizadas y adaptadas a moderno museo presentan la obra del insigne e indiscutible gran escritor albanés (1936) y algunos objetos pertenecientes a la familia. Su infancia y la Gjirokastra que vivió Kadaré viene reflejada en su obra *Crónica de la ciudad de piedra* (1973), aunque quizá su obra más famosa es *El Palacio de los Sueños* (1981). *Abril quebrado* (1980) es otra de las interesantes obras de Kadaré, pues habla del *kanun* o código de honor albanés (▶86). Buena parte de sus obras está traducida al castellano sobre todo por Alianza. El premio Príncipe de Asturias (2009) todavía vive y es ateo, curiosamente igual que lo fue durante un tiempo el régimen de E. Hoxha, aunque sus padres eran bektashis. Fue parlamentario de Albania entre 1970 y 1982. Muy cercana se halla la bonita **Casa Fico**, mansión de piedra del siglo XVIII, pero revestida de amarillo (no se puede visitar pero merece la pena contemplarla desde fuera).

Casa Skënduli
- Rruga Sokaku i te Mareve
- Todos los días de 9 h a 19 h
- www.visit-gjirokastra.com
- 200 leks

Museo Etnográfico
- Rruga Hysen Hoxha, 3
- Todos los días de 8 h a 12 h y de 16 h a 19 h; en invierno de 9 h a 15 h
- www.visit-gjirokastra.com
- 200 leks

Casa Museo Kadaré
- Rruga Fato Berberi, 16
- Todos los días de 8.30 h a 18 h
- www.visit-gjirokastra.com
- 200 leks

▼ Ismail Kadaré.

Otra de las muestras de la arquitectura tradicional de Gjirokastra es la **Casa Zekate**, una mansión de tres plantas con dos torres defensivas laterales y la característica monumental fachada con doble arco. La planta baja muestra los almacenes, la cocina y la típica cisterna de agua. La segunda planta muestra dos grandes habitaciones con hamman. La parte superior tiene los salones de recepción, el más grande con chimenea y profusamente decorado con motivos florales. La baranda tan característica de estas casas es un mirador hacia el amplio valle del país Dropull. Sus propietarios viven al lado.

I ANTIGONEA ✷

Se accede por una carretera que parte al sur de Gjirokastra, al este de la localidad. Aunque poco quedan de las fastuosas mansiones destruidas por los romanos, Antigone conserva ese aire evocador sobre el valle y en las laderas de las altas montañas donde se ubica (monte Çajupi 2.146 m). Su nombre deriva de la esposa del rey Pirro, rey de los molosos y sobrino de Alejandro Magno, del cual deriva la expresión "victoria pírrica".

La ciudad está rodeada de enormes muros, con una gran puerta que hoy se conserva en parte, que defienden una meseta con forma triangular. Destacar la Acrópolis donde se yuxtapusieron las ruinas de la iglesia de San Miguel (siglo VI-IX). También es visible la Stoa o lugar de reunión del poder. En el complejo se construyó también la basílica paleocristiana de San Cristóbal en cuyos ábsides se puede contemplar un destacado mosaico con la representación del santo con cabeza de perro.

I LABOVA DE LA CRUZ/LABOVË E KRYQIT ✷✷✷

Ubicada a unos 10 km de la localidad de **Libohova** y su imponente fortaleza, al este de Gjrokastra. Quizá es una de las iglesias más antiguas y bellas de Albania, además bien conservada. La iglesia de Santa María o Dormición de la Madre de Dios fue fundada por Justiniano en el siglo VI. El haber albergado la reliquia de la Vera Cruz y un icono milagroso de la Virgen hizo que el templo fuese centro de peregrinación. La iglesia típicamente bizantina está rodeada por un muro y precedida por un discreto pórtico. Su cúpula es destacable tanto por fuera como por dentro, donde se pueden contemplar parte de los frescos del siglo XIII con el bello *Cristo Pantocrator*. Junto al destacado iconostasio (1805) con sus dragones y águilas, luce la figura más antigua que representa a su mecenas: Justiniano. La iglesia ha sufrido numerosos saqueos y robos; al parecer incluso la hija de E. Hoxha se apropió del mencionado icono milagroso llamado Labovitissa.

▪ TEPELENA

Es una ciudad (8.000 habitantes) que tuvo su esplendor cuando aquí residió el famoso Pachá Tepelena (1740-1822), gobernador de Ioanina en tiempos otomanos, cuya gran figura postrada se halla a la entrada de la localidad. El castillo de origen bizantino es enorme aunque solo quedan restos de los monumentales lienzos de muralla que se alzan hacia el río Vjosa que aquí se ramifica con el río Drino. En el lienzo de muralla se recuerda la visita de Lord Byron admirador de Pachá Tepelena. Un puente colgante rudimentario todavía cruza el lecho del río. Cerca de la ciudad los restos de un campo de internamiento de presos políticos durante la época comunista. La ciudad se ha beneficiado de la construcción de la autopista E-853 que conecta por Fier con Tirana.

▪ PERMET ✱✱

Aunque la ciudad (4.900 habitantes; 12.700 el municipio), de marcada fisonomía comunista, no hay nada de monumental, sí es destacable su entorno que precede a uno de los paisajes más sorprendentes de la desconocida montaña albanesa del Epiro. El caudaloso Vjosa la atraviesa bordeando una legendaria roca monumental quizá donde se asentaba un castillo. La ciudad fue escenario de los enfrentamientos entre partisanos y nazis que la destruyeron. Hoy una enorme estatua recuerda la efeméride. Se está convirtiendo en centro ecoturístico del país con deportes especializados como el rafting. Igualmente se están haciendo esfuerzos por recuperar produc-

◑ Desplegable

◑ Desplegable

Oficina de Turismo de Permet
✉ Shëtitorja Odise Paskali
☎ +355 81 32 00 15
◑ Todos los días, salvo el domingo, de 8 h a 20 h (en invierno de lunes a viernes de 8 h a 16 h)
🖥 www.visitpermet.org

▼ Descendiendo en balsas por el río Vjosa.

tos ecológicos como la fruta o el queso con negocios especializados en agroturismo. Quizá sea la región, por ahora, más desconocida de Albania: sobre todo la interminable carretera que va desde Permet a Korça presenta lugares interesantes, pueblecitos perdidos como el de **Bënjë** con un bonito puente otomano. Este pueblo se halla al noreste de Permet en el parque nacional de **Abetos de Hotova** (*Parku Kombëtar Bredhi i Hotovës-Dangëlli*) concentrados alrededor del pueblecito de **Frashër**. El parque también presenta un espacio paisajístico destacable: las **gargantas de la Langarica**.

❙ KORÇA (CURCEAUA) ✱

Es una agradable ciudad muy cercana a Grecia y Macedonia situada a unos 850 m de altitud en una bella meseta con evocadores paisajes de otoño y primavera, con fotogénicos pueblecitos agrícolas sobre todo en el norte en dirección a los lagos. La ciudad presenta un aspecto dinámico y cosmopolita quizá por su estratégica ubicación, quizá porque acá constituyeron los franceses una efímera república, por su activo bazar o por la presencia de diversos pueblos como los arumanos… Famosa es su cerveza pero también sus vinos que se producen en esta fértil meseta al sur de los lagos Prespa y Ohrid.

Sus fértiles alrededores ya estaban poblados desde tiempos del Neolítico. Primer centro agrícola de los Balcanes como atestigua la cultura Maliq. Fue asentamiento ilirio aunque al parecer aquí había una ciudad llamada Episkopi (sede episcopal) en la época medieval que es cuando empieza a documentar su historia. Fue otomana desde 1385 pero se desarrolló a partir de 1788 con la caída de la vecina ciudad cristiana de Voskopoja a manos de Alí Pachá Tepelena. Pasó diversas vicisitudes y cambios de soberanía transferida de los turcos a los griegos e incluso república autónoma bajo la tutela de Francia. Aunque como demostraron las primeras elecciones libres en Albania, Korça fue totalmente contestaría al Partido Socialista (sucesor del Partido Comunista) y hubo un gran éxodo de personas hacia Grecia. Aquí estudio E. Hoxha y, relacionado con partisanos griegos y yugoslavos, fundó el Partido Comunista Albanés.

En los últimos años se han abierto pequeños museos temáticos como el **Museo de Arte Oriental Bratko**, el **Museo Vangjush-Mio** o el **Museo de Fotografía Fjon-Mili** abierto a finales del 2018.

En los alrededores hay pueblos ideales para los que les guste el ambiente rústico y de montaña tales como **Boboshtica** o **Dardha**.

●●●●●●●●●

ⓘ Desplegable

La oficina de turismo de Korça
✉ Rruga Kongresi i Lushnjes
☎ +355 82 257 803

▼ Casa tradicional sede del Museo Nacional de la Educación.

◀ La torre panorámica,
de 33 m de altura,
junto al moderno teatro
de la ciudad.

Desde el arbolado bulevar que viene de la catedral Shën Gjergji pasando por la moderna estructura del ayuntamiento se accede a la **Torre panorámica** (*Kulla e kuca*). Conocida como la Torre Roja, es una simple estructura de hormigón de 33 m de altitud que se alza junto al moderno teatro y sirve de estupenda plataforma para observar la ciudad y sus alrededores.

El **Bazar** de la localidad fue renovado en 2017. Es un espacio agradable con sus casas de colores, calles adoquinadas, talleres y tiendas, así como terrazas donde se arremolinan cafés, restaurantes… Tanta remodelación estética y funcional hizo que se perdiese su autenticidad y función original para acabar siendo un atractivo turístico. Llegó a ser un centro comercial importante en la época de los otomanos sobre todo con la caída de Voskopoja y su esplendor comercial con hasta 18 caravasares de los que solo quedan dos. Tras diversos incendios, pues inicialmente era de madera, el sistema comunista le asestó el golpe de gracia y los comerciantes y artesanos desaparecieran del lugar para convertirse en un lugar marginado donde acudió una importante colonia de gitanos. El centro neurálgico del actual

Torre Panorámica
- Sheshi Teatrit
- Todos los días de 7 h a 22 h
- 50 leks

▼ Catedral de la Resurrección.

bazar es la **plaza de la Libertad** (*Shehi Lira*) donde sus bares y restaurantes están abiertos hasta media noche. Al sur del barrio se halla uno de los establecimientos más señeros del bazar conocido como Tienda Rakos que pertenecía a una familia rica de comerciantes de Gjrokastra.

Ubicada en una plaza con una torre del reloj y un agradable espacio arbolado, la **Mezquita Ilgaz Bej Mirahorit** es un bonito monumento histórico artístico. Se trata de la mezquita (1494) más antigua del país construida sobre una vieja iglesia ortodoxa. La mezquita, dedicada a un general de caballería que participó en la toma de Constantinopla, es de planta cuadrada rematada por una gran cúpula y porche cubierto por otras tres cúpulas menores. El alto minarete de 32 m cayó en parte por un terremoto pero se reconstruyó en 2008. Como otros monumentos religiosos ha sufrido importantes restauraciones gracias a la ayuda económica de Turquía.

En el centro de la ciudad detaca, con su gran y característico cuerpo de monumental cúpula y dos campanarios, la **Catedral de la Resurrección**. De construcción reciente (1994) sustituye a la antigua catedral de San Jorge (siglo xix) destruida en 1968 durante el régimen comunista. No hay que confundir el templo con la bonita **iglesia de la Resurrección** (interesantes frescos) ubicada en el pueblo de Mborje a escasos 3 km al sur de la ciudad.

· · · · · · · · · ·

Catedral de la Resurrección
✉ Rruga Dhjetori, 10
☎ +355 68 231 31 80
🕐 Todos los días de 8 h a 14 h y de 17 h a 19 h, sábados de 9 h a 12 h, domingos de 17 h a 19 h
✉ 100 leks

En la intersección de las grandes avenidas de la ciudad está precedida por el característico **monumento al combatiente nacional** de Odhise Paskali (1937). En las proximidades se halla el **Museo ABC** o hasta hace poco **Museo Nacional de la Educación** que ocupa una bonita casa al inicio de la calle peatonal Shën Fjergji. No en balde este edificio albergó la primera escuela autorizada por los otomanos de lengua albanesa en 1908.

En un edificio otomano del año 1842 (antigua posada) el **Museo Arqueológico** requiere una modernización para la que no han llegado fondos. En todo caso no es interesante a pesar de que Korça está cercana a la civilización neolítica del antiguo lago Maliq. La mayoría de sus piezas se exponen en el Museo de Historia de Tirana, otras fueron saqueadas. Destacan objetos y joyas hallados en necrópolis y túmulos cercanos a la época del Neolítico. También se pueden observar estatuillas de la época iliria, y poco más.

El museo más interesante de la ciudad es el **Museo Nacional de Arte Medieval** y, además, el más moderno del país; está ubicado en un edificio diseñado por la alemana Julia Bolles-Wilson. El museo precursor se creó en la época del comunismo en 1987 y compila una de las colecciones más importantes de arte religioso (quizá porque durante la etapa ateísta las obras religiosas no destruidas se almacenaron en Korça). Destaca la gran colección de iconos de artistas como los Onufri, los Zografi o los hermanos Çetiri. Se trata de un hito para los amantes del arte medieval religioso por sus numerosas y espectaculares obras expuestas como el *Arcángel San Miguel*. Los salones del museo utilizan las paredes rojas, blancas y negras para resaltar las numerosas obras de arte.

I VOSKOPOJA (MOSCOPOLE) **

Es un pueblo montañés (2.200 habitantes) a más de 1.100 m que se ubica a unos 20 km al oeste de Korça y está habitado por una minoría de arumanos. Su apariencia rural con iglesias dispersas, la mayoría en ruina o en restauración, nada tiene que ver con la importancia comercial que tuvo en el siglo XVIII cuando competía con ciudades de la talla de Venecia, Trieste, Budapest o Viena. El abandono progresivo de la Vía Egnatia y la incursión de Alí Pachá Tepelena en 1788 acabó con la importancia del lugar que ahora es un incipiente polo de desarrollo agroturístico. La importancia del lugar la atestiguan las numerosas iglesias (unos 30 edificios religiosos) de las que hoy

Museo Arqueológico
- ✉ Rruga Mihal Grameno
- ☎ +355 67 207 67 48
- 🕐 Todos los días, salvo los lunes, de 9 h a 16 h, domingos de 10 h a 15 h
- 💶 300 leks

Museo Nacional de Arte Medieval
- ✉ Bulevardi Fan Noli, 59
- ☎ +355 68 412 75 75
- 🕐 Todos los días, salvo los lunes, de 9 h a 14 h y de 17 h a 19 h (de 9 h a 16 h en invierno), domingos de 10 h a 15 h
- 📷 www.facebook.com/MuzeuiArtitMesjetar
- 💶 700 leks

🕐 Desplegable

▲ Iglesia arumana
en Voskopoja.

se pueden visitar cuatro y un monasterio. La ciudad tuvo imprenta, universidad y una importante escuela postbizantina de pintores de iconos. La población todavía es arumana de lengua latina y de origen valaco fruto de las colonizaciones romanas de la zona. Al instalarse en zonas de montaña como esta mantuvieron una cierta independencia de los pueblos otomanos y eslavos dedicándose a la ganadería y el comercio.

De las iglesias, bien indicadas por senderos agrícolas por donde ya quedan pocas casas, destaca la **iglesia de San Nicolás**, la más céntrica, con característico campanario de piedra y frescos incluso en el pórtico que antecede a la discreta entrada de la iglesia. El interior impresiona por la riqueza de frescos y escenas y personajes bíblicos. La **iglesia de la Dormición de la Virgen** está en actual restauración y destaca por su bonito iconostasio así como por sus frescos de 1712. Algo más retirado se halla el **monasterio de San Juan Bautista** que junto con las **iglesias de San Elías** y **San Miguel Arcángel** son los principales monumentos a visitar aunque fueron gravemente dañadas por un terremoto acaecido en 1960.

Más desconocido es el pueblo arumano de **Vithkuq** (*Bitcuchi*) al que ya se puede acceder por mejor carretera. Para tener escasamente 800 habitantes, tiene también un rico patrimonio religioso con 7 iglesias ortodoxas, la más antigua del siglo XII. La mayoría presentan interesantes frescos como el monasterio de San Pedro y San Pablo.

▮ PROGRADEC Y EL LAGO OHRID ★★

Pogradec es una localidad balnearia ubicada al sur del lago Ohrid. Destaca su paseo junto al lago con numerosos cafés y restaurantes. Otros atractivos principales son el **castillo,** que se halla en una elevada colina cercana y en proceso de restauración, y el encantador **parque de las Fuente del Drilon.**

El **lago Ohrid** es uno de los lagos más antiguos de Europa con 350 Km^2 y una profundidad de 300 m. En la vertiente macedonia encontramos los monasterios de Sveti Naum y la histórica y monumental de Ohrid. Al norte del lago, vigilado por búnkeres, se halla la tranquila y fotogénica localidad de Lin y las ruinas de una basilica bizantina del siglo VI con un destacado mosaico. Cómo curiosidad existe un desconocido yacimiento, Varret e Selcës së Poshtme, que presenta una serie de tumbas ilirias del siglo III.

▮ ELBASAN

La antigua *Scampa,* ubicada en la Vía Egnatia en el centro del país, es una ciudad (78.000 habitantes, 130.000 el municipio) en la que destaca su enorme muralla que engloba un desordenado casco antiguo con interesante mezquita e iglesia ortodoxa. En la periferia de la ciudad se halla el mayor complejo siderometalúgico que se construyó gracias a la ayuda china, el **Kombinat Metalurgiku** observable en sus colosales dimensiones desde la vieja carretera a Tirana y que empleaba bajo su tóxica humareda a unas 8.000 trabajadores. Hoy está resucitando gracias a la instalación de industrias de capital turco.

La **muralla** es monumental y tiene una estructura cuadrangular vigilada por 26 macizas torres de las que restan una pocas. Se construyeron en el siglo XV en la época otomana y de la mano del sultán Mohamed II. En una de las torres se levanta la característica **torre del reloj.** La puerta principal es la del bazar y su principal calle da a monumentos como el hamman, la **mezquita del Rey** (con destacable pórtico de madera que fue centro de educación política durante el comunismo) y más al interior la **iglesia de Santa María** construida en 1486 escondida por un muro y precedida de un coqueto pórtico; en su interior solo se conserva como original el *Cristo Pantocrator.* Como otras muchas localidades posee un **Museo Etnográfico** que ocupa un destacable edificio histórico. El **bulevar Kemal Stafa** que circunvala la parte más monumental de la muralla y su parque cercano es el lugar preferido para el paseo o *xhiro* (▶94), el mejor momento para dejar verse y ser visto.

⊙ Desplegable

Oficina de Turismo
✉ Rruga Naim Frashëri
☎ +355 83 226 080
⊙ Todos los días de 8 h a 17 h
⊕ www.pogradec.info

⊙ Desplegable

Museo etnográfico
✉ Rruga Nëntori, 11
☎ +355 545 96 26
⊙ Todos los días de 8.30 h a 15.30 h; sábados y domingos de 9.15 h a 13.45 h
⊕ elbasani.gov.al/muzeu-etnografik
🎫 200 leks

▲ En la muralla de Elbasan destaca la torre del Reloj.

Dónde...

Restaurantes

TIRANA

Lulishte 1 Maji (E)
Vieja cervecería y lugar muy popular y ambientado cercano al puente de los Curtidores. Música en directo en su agradable jardín. Variedad de platos donde probar la cocina otomana pero también la griega. Son famosas sus carnes a la parrilla.
- ✉ Rruga Pres. G.W. Bush
- ☎ +355 4223 0151
- ⏱ Del mediodía a las 23 h

Mullixhiu (C)
Cocina con productos e inspiración local. Para ir al "Molinero", traducción del nombre del restaurante, es necesario reservar pues se considera uno de los templos de la gastronomía albanesa. Ubicado en un espacio de moderna decoración rural en pleno Gran Parque de Tirana. Excelentes ensaladas, pastas y carnes con una elaboración muy ingeniosa.
- ✉ Shëtitorja Lasgush Poradeci Boulevard
- ☎ +355 69 666 04 44
- 🌐 www.mullixhiu.al
- ⏱ De 12-16 h y de 18-22 h

Oda (E)
Especialidad en carne. Ubicado en un pasaje, pequeño restaurante algo turístico especializado en cocina albanesa. De evocación otomana aquí se puede degustar el típico *burek* albanés (especie de hojaldre de queso y verduras), el cordero y, cómo no, el raki. Aconsejable reservar.

- ✉ Rruga Luigj Gurakuqi
- ☎ +355 42 249 541
- ⏱ De 11 h a 23 h

Rozafa (M/C)
Para los amantes del pescado (frituras) es uno de los establecimientos más destacados del país. Pescados y mariscos que se pueden degustar en una agradable terraza veraniega. Tienen también ensaladas, pastas, risottos y pizzas. Buena carta de vinos.
- ✉ Rruga Luigj Gurakuqi, 2
- ☎ +355 42 222 786
- ⏱ De 12 h a 23 h

Tek Zgara Tironës 2 (E)
También dispone de un pequeño y acogedor alojamiento. Se trata de una *zgara* o parrillada famosa por su carnes, destacando la típica ternera guisada. Suele estar muy frecuentado y sirven suculentas raciones a muy buen precio.
- ✉ Rruga e Kavajës, 34
- ☎ +355 69 451 88 88
- ⏱ De 9.30 h a 23.30 h

Vila Era (E)
Como su lema indica mezcla tradición y modernidad siendo uno de los más populares de la capital. Además de cocina albanesa también pizzería.
- ✉ Oruga Papa Gjon Pali II
- ☎ +355 68 902 4561
- ⏱ De 11 h a 23.45 h

BERAT

Onufri (M)
Lugar tradicional y acogedor en el castillo o *kalaja* donde probar la cocina local elaborada con esmero. Recomendables el *tave me baje* y las variedades de pavo. También alojamiento.
- ✉ Rrugica Mbrica
- ☎ +355 3260661
- ⏱ De 8 h a 23 h

White House (M)
Bonita casa aterrazada con excelentes vistas. Platos cocinados al horno de leña. Destacar los pescados y las pizzas. Tiene también alojamiento.
- ✉ 16 Rruga Antipatrea, frente al puente peatonal
- ☎ +355 032 23 45 70
- ⏱ De 11 h a 23 h

DURRËS

Hotel Restaurante Aragosta (C)
Restaurante chic junto al mar especializado en marisco (langosta) y pescado fresco. Gran variedad de pastas, risottos, ensalada… Servicio correcto pero algo lento. Tiene alojamiento con playa privada en un edificio de los años 80.
- ✉ Rruga Taulantia
- ☎ +355 682 058 070
- 🌐 www.aragosta.al

Sema (M)
Lugar tradicional y céntrico con terraza y pub donde probar buenos vinos. Variada gastronomía mediterránea y pizzas y platos vegetarianos.
- ✉ Seshi Liria
- ☎ +355 067 203 32 24
- 🌐 www.sema.al
- ⏱ De 7 h a 24 h

Portiku Whine Bar (M)
Ideal para una comida suave (quesos) y degustar los vinos albaneses.
- ✉ Rruga Egnatia
- ☎ +355 68 60 80666
- 🌐 www.portiku.al
- ⏱ De 7 h a 1 h, viernes y sábados hasta las 3 h

DHËRMI

Hotel Rest. Sofo (M)
Antiguo chalet comunista ya abierto desde 1965. Lo regenta el chef Sofo Kute-

li que propone excelentes platos tradicionales albaneses cuyo protagonista es el cordero asado. También habitaciones con buena relación calidad-precio.

✉ Qafa e Llogorasë
☎ +355 682 09 19 31
🖥 www.hotel-sofo.al

Pastarella (M)
Junto al mar, sirve cocina italiana en una fusión con influencias griegas. Buenas pastas y pescado.

✉ Dhermi Beach
☎ +355 068 204 44 81

HIMARA

Piazza (M)
Excelente gastronomía mediterránea en la playa de Spile, destacando el pescado fresco y sus mariscos cocinados de manera tradicional en cazuela de barro. También habitaciones con vistas al mar.

✉ Rruga Qendrore
☎ +355 69 254 73 65
🖥 guesthouse1932.com
🕐 De 8 h a 1 h

Taverna Lafteri´s (E)
Casa de comidas tradicional abierta en 1998, muy frecuentada en verano. Se sirven pescados frescos y cocina griega con excelentes *mezzes*.

✉ Paralela al Paseo Marítimo en SH8
☎ +355 67 497 0164
🕐 De 12 h a 17.30 h y de 19.30 h a 24 h

GJIROKASTRA

Taverna Kuka (E-M)
A la sombra de la Gran Mezquita cerca del Gran Bazar se halla este acogedor restaurante con agradable terraza con vistas. La cocina es lenta pues se trata de una sencilla cocina casera. Destacan las parrilladas de carne. Carta de vinos.

✉ Rruga Astrit Karagjozi
☎ +35584261073

🖥 www.facebook.com/tavernakuka
🕐 De 8 h a 24 h

KORÇA

Hani i Pazarit–Rest. Serenatta (M-C)
Establecimiento tradicional con mucho encanto a la entrada del viejo bazar en lo que fue un antiguo caravasar. Es además de restaurante una buena opción de alojamiento.

✉ Rruga Kiço Greço
☎ +355 67 616 73 55
🖥 www.hanipazarit.com

Rest. Mesonjetorja 1887 (E-M)
Ideal para comer en alguna de sus diversas estancias con bonita decoración y fotografía. Igualmente para pasar una excelente velada con músicos griegos. Excelentes ensaladas y variedad de *mezzes*.

✉ Bulevardi Shën Gjergji
☎ +355 69 408 4293
🖥 www.restaurantmesonjetorja.com
🕐 De 8 h a 23 h

SARANDA

Taverna Peshkatari (E)
Con vistas al puerto pesquero es el mejor lugar para degustar pescado fresco y mariscos muy frecuentado por locales. Limani sería la versión turística aunque también sirven pescado además de pasta y pizza por precios muy económicos.

✉ Rruga Peshkatari
☎ +355 69 252 61 27
🕐 Desde las 6 h a las 24 h

SKHODRA

Hotel Restaurant Tradita (M-C)
Un establecimiento emblemático no solo por su hotel con habitaciones decoradas a la manera tradicional, sino también

por su animado restaurante de dos plantas. Cocina a la brasa en un amplio horno con chimenea a la vista. Actuaciones en directo que siempre acaban en animado baile. Excelentes las carnes y productos traídos de las montañas de Thethi.

✉ Rruga Edith Durham, 4
☎ +355 22 24 05 37
🖥 www.hoteltradita.com
🕐 De 7 h a 23 h

Marina Seafood by 4VM (M)
A un lado del Bulevar Skanderbeg. Nuevo, moderno y amplio establecimiento con terraza con servicio esmerado y unos productos de mar de primera calidad.

✉ Bulevardi Skanderbeg
☎ +355 68 444 4465
🖥 www.marina4vm.com
🕐 De 11 h a 22.30 h

Mrizi i Zanave (M)
Con sello *Slow Food* es un conocido y afamado restaurante de autor. Para los productos y la elaboración tan especial es económico. Se recomienda reservar sobre todo los fines de semana. Tiene un pequeño alojamiento económico.

✉ Rruga Lezhë-Vau i Dejës
☎ +355 69 210 80 32
🖥 www.mrizizanave.al
🕐 De 12 h a 16 h y de 18 h a 22 h

VLORA

Pulëbardha (M-C)
Aunque difícil de encontrar, es un conocido establecimiento donde sirven pescado fresco, destacando su risotto marinero. Menú de 10 platos de cocina marinera italiana en el que despuntan las gambas y calamares. Servicio lento pero bueno.

✉ Junto al Bulevardi Ismail Qemali
☎ +355 69 316 96 11
🕐 De 11 h a 24 h

▌Alojamientos

TIRANA

En Tirana se han abierto numerosos hoteles y buenos apartamentos en los últimos años.

Rogner Hotel Tirana (C)

Muy bien ubicado, es uno de los mejores hoteles de la capital, con 178 modernas y confortables habitaciones. Tiene todos los servicios incluida piscina, spa y sala de conferencias. Oofertas en temporada baja sobre los 100 € con desayuno.

✉ Bulevardi Dëshmorët e Kombit
☎ +355 42 23 50 35
🌐 www.rogner.com

Vila Tako Hotel (E-M)

Situado en el animado barrio de Blloku es una buena opción de alojamiento por su buena relación calidad-precio y ubicación. Con pocos meses de funcionamiento, 10 confortables habitaciones y desayuno servido en la cafetería de al lado.

✉ Rruga Gjin Bue Shpata
☎ +355 42 33 33 32

Miligona City Center (E)

Una de las más prácticas y económicas opciones de dormir en Tirana. Albergue pintoresco con habitaciones con nombres de ciudades albanesas. Espacios comunes agradables. La casa tiene jardín y patio para relajarse. Otro de los *hostel* conocidos en Tirana para viajeros que quieran una larga estadía y precios bajos es **Zig Zag Hostel** en la Rruga Nikolla Lena. También recomendable es el **Tirana Backpacker Hostel** en la Rruga e Bogdaneve.

✉ Rruga Vehbi Agolli, Villa n° 11
☎ +355 69 2049 836
🌐 www.milingonahostel.com

The King (M)

Modernas y amplias instalaciones entre el aeropuerto y Tirana ideales para cuando no se quiere quedar en el centro de la ciudad o se llega tarde a Tirana. Comedor amplio y buen desayuno.

✉ 1 Prapa Drejtorisë së Përftihshjme të Transportit (Targat) km 7 Tirana-Vorë
☎ +355 69 630 1111
🌐 www.resort-theking.com

BERAT

Tradita e Beratit (E)

Buenísima opción en un ambiente rústico, amable servicio y donde degustar un fabuloso menú. Como pensión (*buitjna*), también económica, hay que recomendar **Kodikët**.

✉ Rruga Stiliano Bandilli ,
☎ +355 68 223 3339

Magalemi (M)

En un antiguo edificio junto a la puerta otomana de la ciudad (Rruga Mihal Komnena). Dispone de un buen restaurante en la parte baja. Una buena opción también muy económica es **Guest House Leo**.

✉ Lagjia
☎ + 355 68 232 3238
🌐 www.magalemihotel.com

DHËRMI

Zoe Hora (C)

Uno de los complejos hoteleros más glamurosos de la Riviera albanesa, recomendable también su restaurante.

✉ Rruga Vlladas
☎ +355 69 707 4000

Sarajet e Pashait 2 (M-C)

Modernas instalaciones hoteleras que también tienen un restaurante recomendado, *Piratet*. Existe otro **Sarajet e Pashait 1** (Road Perivolo, 12) en la playa de Dhermi, ambos con servicios como piscina. Este segundo puede ser una opción para familias.

✉ playa de Palasa
☎ +355 67 202 0903
🌐 www.sarajetepashait.al

DURRËS

El grupo Meliá tiene una fuerte presencia en Albania y prevé ser el primer complejo hotelero del país en número de habitaciones. En Durrës tiene el hotel más grande de Albania con 471 habitaciones.

Premium Sunrise (C)

En las playas del sur de Durrës se halla este hotel de cinco estrellas de la cadena Premium Grup que asegura una buena calidad en sus servicios. Más de la mitad de sus 114 habitaciones tiene buenas vistas al litoral.

✉ Golem long Beach 2504
☎ +355 67 60 41 008
🌐 premiumgrouphotels.com

Hotel Aragosta (M-C)

Pequeño hotel en primera linea de playa privada en un edificio de los años 80 con 18 luminosas habitaciones. Cuenta con un excelente restaurante y servicios de spa, bar y piscinas.

✉ Rruga Taulantia
☎ +355 682058070
🌐 www.aragosta.al

Hotel Kloest (M)

Muy cerca de la entrada del puerto y al inicio del bulevar más famoso de la ciudad donde se concentran buena parte de los hoteles del centro de ciudad. Tiene un bar-restaurante acogedor y habitaciones algo pequeñas pero confortables.

✉ Bulevardi Epidamn, lateral
☎ +355 52 500 022
🖥 www.kloest.com

HIMARA

1932 (E-M)
Práctico y cómodo alojamiento tipo pensión frente al paseo marítimo o Promenade. Renovado, fue el primer alojamiento de Himara y de los primeros de la Riviera Albanesa. Sus pequeñas habitaciones tienen balcón al Mediterráneo. El restaurante Piazza sirve buen pescado y marisco y, cómo no, deliciosas pizzas.
✉ Spile Himarë o Promenade
☎ +355 69 254 73 65
🖥 www.guesthourse1932.com

Filoxenia Rock´s Houses (E)
Se trata de una opción más rural entre olivares con buenas vistas y calma. Sus casitas de piedra son sencillas pero confortables. Dispone de zonas comunes y posibilidad de barbacoa. Sus dueños son *filoxenia*, en griego hospitalarios. Posibilidad de cenar con productos locales donde es omnipresente el buen aceite de oliva.
✉ Ruga Milto Kallushi
☎ +355 69 478 67 23

GJIROKASTRA

En Gjorkasta existen múltiples posibilidades de alojamiento, además de los reseñados, destacar Kalemi 2, Konaku, Old Bazar o Fantasy, más moderno.

Hotel Gjirokasta (M)
Pequeño hotel muy céntrico y bien gestionado que ocupa una casa que sigue las líneas arquitectónicas de la ciudad. Dispone de amplias y confortables habitaciones de madera y un acogedor bar restaurante.

✉ Rruga Sheza Çomo
☎ +355 69 568 77 35

Kodra (M-C)
Conocido hotel con maravillosas vistas y cuidadas y modernas habitaciones. Dispone además de uno de los restaurantes más afamados para degustar la gastronomía local.
✉ Oruga Zejtareve
☎ +355 69 406 26 61
🖥 www.hotelkodra.com

KORÇA

Legacy (M)
Ubicado muy cerca del centro en un área tranquila, este acogedor hotel tiene confortables habitaciones muy bien equipadas, agradable zona común y comedor para desayunos. El personal es muy agradable y comunicativo.
✉ Rruga Loni Grazgdani y Rruga Eleni Gjika
☎ +355 68 3333 593

Vila Cofiel (C)
En una destacable casona, alojamiento acogedor donde además comer muy bien en su restaurante asador. Terraza en verano y chimenea en invierno.
✉ Rruga Avni Rustemi
☎ +355 69 640 2500

SARANDA/KSAMIL

Hotel Buzë (C)
Tranquilo boutique-hotel con buenas vistas, piscina y una pequeña cala de cantos rodados. Espaciosas y luminosas habitaciones. Servicio de restaurante. Más económico y con menos glamour destacar también **Villa Josana**.
✉ Rruga Butrinti Lagja 1
☎ +355 85 220 555
🖥 www.buze.al

Hotel Brilant (M)
Aunque no está muy céntrico o junto al puerto es el mejor establecimiento en

Precio
E = hasta 100 €
M = entre 100-150 €
C = más de 150 €

cuanto a relación calidad-precio. Dispone además de parking en una localidad con tanto tráfico y poca opción de aparcamiento. La mayoría de sus 33 habitaciones tienen vistas al mar recomendándose las más renovadas del piso superior.
✉ Rruga Bilal Golemi
☎ +355 85226262
🖥 www.brilanthotel.com

Ksamil Central Park Hotel (M)
Aunque no se halla en la playa, a un escaso kilómetro de la playa Bora Bora es una de las mejores opciones calidad-precio en la cada vez más turística y masificada Ksamil, donde todo son villas y hoteles. Su recinto ajardinado dispone de habitaciones amplias y muy bien equipadas. Desayuno generoso. **Villa Park Bujari** sería una de las opciones junto a la playa de Paradise.
✉ Baba Sherifi Ksamil, 1
☎ +355 67 63 87 450
🖥 www.central-park.al

SHKODRA

Tradita (M)
En una de las avenidas céntricas más importantes de la ciudad se halla este hotel que ha recuperado muy bien el aire tradicional y rústico albanés. Sus habitaciones son muy acogedoras y dan a un patio típico que en verano suele ser un buen lugar de reunión. Dispone de un muy buen bar restaurante con tradicionales actuaciones musicales.
✉ Rruga Edith Durham 4
☎ +355 22 24 05 37
🖥 www.hoteltradita.com

Rozafa (M)

Es el clásico hotel de toda la vida de la ciudad. Aunque tiene una estética socialista sus interiores se han modernizado ofreciendo buen servicio. Existen múltiples opciones de alojamiento en la ciudad, siendo también una buena elección calidad-precio **Colosseo Spa** o **Vila Bekteshi**. Para bolsillos más económicos el **Bed & Breakfast Bella Vista** es una excelente opción cómo su nombre indica con vistas al lago.

✉ Rruga Teuta
☎ +355 22 242 767
🌐 www.hotelrozafa.al

THETHI

Una buena parte de las casonas de Thethi se han habilitado como pensiones o *bujtina* (albergues), otras han ampliado sus instalaciones y han hecho restaurantes. Ejemplos recomendables son **Bujtina Terhorja**, **Logu i Harushave** o **Shepella**, cerca de la torre de aislamiento o *kulla*.

Prek Harusha (E)

Perteneciente a la familia homónima que desde siglos habita el valle. Es una casa de madera estilo chalet de 14 habitaciones confortables y cocina en la planta baja. Como ocurre en parte de los alojamientos del Valle se ofrecen actividades guiadas. Cierran, como la mayoría de alojamientos, de octubre a abril, cuando el valle puede quedar aislado por la nieve.

✉ Okol Theth, parte alta del pueblo cercana a la iglesia
☎ +355 69 277 02 94

VALBONA

Margjeka (E)

Es un total de tres estrellas ubicado en una casona de piedra. Sus habitaciones son sencillas y con buenas vistas a la montaña. Dispone de recomendable restaurante con platos típicos a un buen precio, siendo un buen lugar para iniciar excursiones. Excelentes y amables anfitriones. Otras opciones son casas de huéspedes como **Quku i Valbones** o **Rilindja**.

✉ Llomi
☎ +355 67 338 21 62
🌐 www.hotelmargjeka.al

VLORA

Hotel Regina City (M)

Hotel moderno, bien ubicado y cercano a servicios como restaurantes de la Promenade (paseo marítimo). Forma parte de una cadena de tres hoteles como el **Regina Garden** renovado recientemente. Habitaciones modernas y amplias con vistas al mar y piscina panorámica en la octava planta del edificio.

✉ Rruga Pavlo Flloko
☎ +355 33 407 600
🌐 www.reginagroup.al

Hela Residence (E)

Aunque no se encuentra en el litoral, sí en el centro de Orikum, núcleo balneario de Vlora. Excelente y moderno apartamento con confortables habitaciones con vistas a la montaña mediterránea. Su propietario es un buen anfitrión conocedor de la zona.

✉ Jul Cezari, Orikum
☎ 237 229 00

Actividades para niños

Albania no está dotada de demasiadas atracciones directamente dirigidas para los más pequeños. Eso sí, será un país que sorprenderá a grandes y menores por su paisaje salvaje, sus enormes fortalezas, puentes otomanos, vida rural de cuento, búnkers y estatuas de soldados de película, mezquitas de la mil y una noches… Las ciudades en general tienen grandes espacios verdes y no escapa la capital Tirana que además tiene espacios para los más pequeños como el lago artificial (donde está el teatro al aire libre Pinocchio), el Parque Rinia, además del espacio natural del Monte Datji y su teleférico o el lago Bovilla. Tirana tiene un Magic Blue Water inaugurado en 2018 y también un Zoopark recientemente remodelado. Sin olvidar el Teatro de Marionetas (*teatri i Kukullave*) cercano a la plaza Skanderberg.

Se pueden hacer actividades al aire libre como *rafting* por sus caudalosos ríos; en este aspecto Albania poco a poco se va posicionando con cada vez más empresas. En el mar o en sus numerosos lagos se pueden tomar barcas y navegar contemplando paisajes de ensueño y si son de andar existen rutas de senderismo sobre todo para contemplar los Alpes de Thethi y Valbona o los lagos Lura, ver cascadas, cuevas y con suerte divisar ciervos e incluso algún oso. Otras actividades en los Alpes Dináricos puede ser montar a caballo y en los lagos litorales observar una rica fauna avícola. Los museos etnográficos como el de Gjirokastra o Kruja son también motivos para el ocio de los más pequeños.

▮ Ir de compras

Los **bazares** son la mejor opción para ir de compras y adquirir un producto o recuerdo albanés, aunque los viejos bazares otomanos ya están muy alterados o son muy turísticos. Conservan su encanto los bazares de Kruja, el transformado bazar de Korça, hoy colonizado por bares y restaurantes, y el de Gjrokastra. En la capital hay que perderse por Pazar i Ri que es más bien un **mercado** donde encontrar principalmente productos frescos. Ideal para comprar *raki*, la bebida nacional, algún vino albanés o el delicioso *byrek*. Tirana es famosa también por sus **joyerías**, que se encuentran esencialmente en la Rruga W. Bush. En Tirana se han abierto diversos **centros comerciales** como el Toptani Shopping Center en la Rruga Abdi Toptani. Por lo demás, en el litoral y otras grandes localidades no espere encontrar autenticidades en las compras.

TIRANA

Pazar i Ri

El Nuevo Bazar (1931 renovado en 2016) tiene un mercado de frutas y verduras (mercado verde o *markata e gjelber*) y otro de pescados y mariscos así como carnes (*markata e peshkut*). Se pueden adquirir productos típicos de la gastronomía desde quesos, frutos secos, dulces, vinos o el famoso *raki* o aguardiente de ciruela.
- ✉ Rruga Shemsi Haka
- 🕐 De 6 h a 15 h

Adrion

Con pequeña sucursal en el aeropuerto y otras ciudades del país es la mejor librería del país con libros esencialmente en albanés, inglés e italiano. Sección de libros para niños.
- ✉ Sheshi Skenderbej, planta baja del Palacio de Cultura
- ☎ +355 225 72 31
- 🖥 www.adrionltd.com
- 🕐 De lunes a sábados de 8 h a 22 h

Galeria

Es el centro comercial por excelencia de Tirana con unas 50 tiendas de lo más diverso, pero también con restaurantes, bares, cafeterías, pastelerías y supermercado en la planta baja. Fácilmente localizable detrás de la famosa Pirámide.
- ✉ Bulevar. Bajram Curri
- ☎ +355 42254100
- 🖥 www.galeria-etc.com
- 🕐 De 9 h a 21 h

Pirro

Lugar ideal para comprar alguna artesanía o la emblemática águila albanesa impresa en banderas, camisetas, tazas. Es también un buen lugar donde comprar joyas, algunas de calidad otras algo *kitsch*.
- ✉ Rr. Abdyl Frashëri
- ☎ +355 422 25587
- 🕐 De 9 h a 21 h

SHKODRA

Zdrale

Zona comercial de la ciudad o mercado con tiendas y lugares sencillos de comida. Se puede adquirir tanto el tabaco (Tarbosh) de la región como el coñac.
- ✉ Rruga Hamz Kazazi
- 🕐 Desde las 7 h a las 20 h

Ojeda

Secular tienda tradicional donde encontrar telas y tejidos tradicionales.
- ✉ Rruga Justin Godard con Bulevar Skanderbeu
- ☎ +355 069 340 3292

GJROKASTRA

Centro de artesanos de Gjrokastra *(Qendra e Artizanatit)*

En la calle central del antiguo Bazar, productos artesanales de calidad con la marca GjiroArt.
- ✉ Rruga Gjin Bue Shpata
- ☎ +355 422 44870
- 🖥 www.visit-gjirokastra.com
- 🕐 De 9 h a 21 h

Idea Workshop

Una buena opción si se busca una librería o un lugar de *souvenirs*.
- ✉ Rafa e Paarit Rruga Gjin Bue Shpata
- ☎ +355 69 424 8809
- 🕐 De 9 h a 20 h

KRUJA

Viejo Bazar
(Pazari e Vjetër)

Hermosa calle alargada de 250 m de largo con tiendas y talleres para adquirir desde *souvenirs* nacionalistas y *kitschs* a artículos de orfebrería, cuero, lana, latón,… antigüedades y los famosos *kilims*, pequeñas alfombras bordadas a mano.
- 🕐 De 8 h a 20 h

KORÇA

Barrio del Viejo Bazar
(Pazari i Vjetër)

Renovado en 2017 ocupa el barrio otomano donde los vendedores y artesanos se agrupaban por oficios y dónde existen antiguos caravasares, tiendas y talleres. Se pueden encontrar trabajos en telas, cuero, cerámica, metal…
- ✉ Rruga Piro Lena - Plaza Libertad (Sheshi Lira)

Divertirse

Albania parece querer aprovechar el tiempo perdido y cada vez más en la capital y principales ciudades se abren bares, discotecas y lugares de ocio nocturno. En la Riviera Albanesa o desde Vlora a Saranda los veranos se convierten en un lugar multitudinario de fiesta, conciertos y diversión que atrae a albaneses y turistas en general.

La capital aglutina parte de su ocio nocturno en el barrio de Blloku, antigua residencia de la nomenklatura comunista con locales como Billionarie Lounge, Capriccio, Chek Point Charlie o Kino. También en el área del castillo y sus alrededores existen lugares más tranquilos. La marcha y la diversión continúan a las afueras de la zona turística. Detrás de la Galería Nacional de Arte se hallan también lugares de ocio y dos de las discotecas más importantes de la ciudad. El verano es momento de eventos y conciertos; para tenerlos actualizados se puede consultar *www.visit-tirana.com* o *www.trinaxxl.al*. En la mayoría de las principales ciudades hay locales donde se puede cenar y disfrutar de un espectáculo folclórico.

TIRANA

Teatro Nacional de la Ópera *(Teatri Kombëtar i Operas che i Beletit)*
Fundado en 1953 dispone una buena agenda sobre todo de ballet tradicional y moderno. En el lado oeste de la plaza se pueden encontrar cafés y bares que cierran a las 22 h.
- ✉ Sheshi Skënderbej
- ☎ +355 4 222 7471
- 🖰 www.tkob.gov.al
- ⏱ Cuando hay eventos de 9 h a 12 h y de 17 h a 20 h

Teatro Nacional *(Teatri Kombëtar)*
Inaugurado en 1944 durante la visita de Mussolini se presentan obras contemporáneas de autores albaneses y extranjeros. Temporada de mayo a octubre.
- ✉ Rruga Murat Toptani
- ☎ +355 42228933
- 🖰 www.teatrikombetar.gov.al

Bunker1944 Lounge
Reutiliza un refugio de la Segunda Guerra Mundial para conciertos en directo.
- ✉ Rruga Andon Zako Çajupi
- ☎ +355 69 411 00 07
- ⏱ De 17 h a 24 h (viernes y sábados hasta las 2 h)

Colonial Cocktails Academy
Es uno de los locales famosos del Blloku. Un lugar tranquilo para tomar los mejores cócteles de la ciudad y fumar nargil.
- ✉ Rruga Pjetër Bogdani, 3
- ☎ +355 69 666 62 39
- 🖰 www.colonialtirana.com
- ⏱ De 8 h a 2 h (el domingo abre a las 17 h)

Radio Bar
Algo escondido y alternativo tiene buena música y una decoración llamativa. En el corazón del barrio Blloku, es un magnífico local para tomar cócteles.
- ✉ Rruga Ismail Qemali, 29
- ☎ +355 69284424
- 🖰 www.drink.radiobar.al
- ⏱ De lunes a jueves de 10 h a 1 h, viernes y sábado hasta las 2 h y domingo de 17 h a 1 h

Friend´s Book House
Para los más tranquilos e intelectuales, algo alejado de la ruidosa Blloku, es un espacio cultural con café-bar y librería.
- ✉ Rruga Sami Frashëri
- ☎ +355 69 204 6265
- ⏱ De 6.30 h a 23.30 h

Charl´s Bistro
Tradicional y conocido por los albaneses es un club con música de los 80 y sala de conciertos los fines de semana. Abierto las 24 h, tiene una bonita terraza ajardinada ideal para las noches del verano.
- ✉ Rruga Pjeter Bogdani
- ☎ +355 69 202 29 01

SHKODRA

Bar Pastiçeri Flo
En la animada zona peatonal, es un salón de dos plantas para probar exquisitos dulces o tomar algo.
- ✉ Rruga G´juhadol
- ☎ +355 67 296 4494
- ⏱ De 8 h a 23 h

Sega e Eger
Animada y moderna cafetería, coctelería y zumería que acoge eventos y música en directo los viernes. Si se es más de vinos y "tapeo", mejor dirigirse a la bodega **Kantina Miqesia Medaur** (*www.medaur.com*).
- ✉ Rruga G´juhadol
- ☎ +355 66 619 6553
- ⏱ De 8 a 24 h

DURRES

Sunset Bar
Ubicado en la animada Rruga Tailantia, es una agradable terraza para disfrutar de la música. Cercana para el viajero más fiestero están Costa del Sol o Port Side Beach.
- ✉ Rruga Taulantia, Lagjia 1, Currila
- ⏱ De 7 h a 24 h

Turismo activo

Albania es uno de los países del Mediterráneo con una naturaleza más indómita con un paisaje por ahora poco impactado, sobre todo en los Alpes y las zonas lacustres litorales, así como buena parte del lago Ohrid y por supuesto el lago Prespa. El **senderismo** es una buena opción, no solo en los Alpes Dináricos o los lagos glaciares de Lura, sino también en la costa jónica conocida como Riviera Albanesa, donde el litoral escarpado permite descubrir pequeñas calas y sendas panorámicas. Rutas que también se pueden hacer alquilando **quads** (*www.sarandajeep.com*). El **parapente**, al igual que otros tipos de deporte de riesgo, no está muy desarrollado en Albania, si bien se empieza a experimentar en el macizo costero de Llogara. Los deportes de nieve, como el **esquí de fondo**, se pueden practicar cerca de Korça (estación de esquí de Bigëll-Dardhë), pero también en el Valle de Shala (Alpes) o el macizo de Tomorr cerca de Berat (*www.albania-adventure.com*) .

En Durrës se pueden tomar barcos para hacer **inmersiones** y observar barcos hundidos en el histórico Canal de Otranto. Los **deportes náuticos** (vela, kayak) se están desarrollando alrededor de puertos como el mencionado, Vlora (puerto de Orikum), Saranda y, en general, la costa Jónica, siendo un lugar privilegiado el área de la Península de Karaburun-isla de Sazan. El **ráfting** se puede practicar en los cursos rápidos del Osum, Vjosa, Devoll y el río Shale, cerca del bonito lago Koman (*www.albrafting.com*). La región de Permet tiene un potencial para esta práctica de deportes así como la **equitación**.

La **observación de aves** y su fotografía puede ser una actividad apasionante por la variedad existente sobre todo en los lagos Shkodra y Prespa, pero también en la impresionante Reserva Natural Kune-Vain-Tale donde también se puede **pescar**.

El **fútbol** paraliza al país siendo junto con la **halterofilia** y el **baloncesto** los deportes más practicados en Albania.

Tymi

Pequeño y, por sus económicos precios, concurrido bar junto al litoral norte de Durrës, donde hay otros locales de ocio como ZINS o Aqua Lounge Bar.
- ✉ Plazhi i Currilave
- ◷ De 8 h a 3 h

KORÇA

Saliko Cocktail Bar

Buen ambiente y los mejores cócteles.
- ✉ Jovan Spiro Kostuiri lgj, 8
- ☎ +355 68 907 6400
- ◷ De 8 h a 24 h; los sábados abre 24 horas

Mesonjetorja 1887

Lugar excelente para unos mezas o en su planta baja disfrutar de pequeños y animados conciertos folclóricos en directo.
- ✉ BID Korça
- ☎ +355 69 234 2333
- 🏠 restorantmesonjetorja.com

SARANDA y KSAMIL

El área de la costa jónica o Riviera albanesa (Dhermi, Vuno, Qeparo, Borsh...) tiene numerosos clubes y discotecas que abren y cierran o cambian de propietario, por lo que es difícil discernir o aconsejar lugares concretos. Para la juventud la fiesta está asegurada en casi cada una de las playas hasta altas horas de la noche.

Mango Beach

Sin duda alguna una de las mejores y más animadas discotecas del país. También popular es la **Disco Tropical**. Para consultar la vida nocturna de Saranda se recomienda esta dirección: *www.nightlife-cityguide.com*
- ✉ SH81
- ☎ +355 69 24 12 488
- 🏠 www.discomango.com

Rox cafe bar

Agradable y joven bar donde pasar un buen rato. Recomendable también el **Bar Tani´s** ideal para tomar una copa y disfrutar de buena música.
- ✉ Rruga e Flamurit
- ☎ +355 68 437 1000

VLORA

Le Cafe

Una institución muy concurrida en la ciudad por su ambiente, música y bebidas. Últimamente se han abierto lugares de ocio en la calle Justin-Godart y la tradicional Rruga Murat Terbaçi en la que hay locales como Studio 54 o Porta Club. La noche veraniega se traslada también al vecino núcleo de Orikum.
- ✉ Rruga Sdik Zotaj
- ☎ +355 33 222 223
- 🏠 www.lecafevlore.org
- ◷ De 7 h a 22 h

Información Práctica

▌ Información turística

Las principales ciudades tienen un punto de información turística pero la información suele ser insuficiente (ver cada localidad principal).

www.turismodealbania.es: Información práctica e informativa de la actividad turística en Albania.

National Tourism Agency
☎ Bulevardi Gjergj Fishta, Pallati Shallvaret A12, 1010 Tirana.

Webs útiles:
www.albania.al
www.akt.gov.al
www.rivieraalbanesa.com
www.albania360.com

▌ Documentación necesaria

Los turistas españoles y los ciudadanos de la Unión Europea, solo necesitan el pasaporte o DNI en vigor y validez mínima de tres meses para entrar en Albania. El aeropuerto internacional en Rinas tiene modernos lectores de pasaporte por lo que los trámites aduaneros suelen ser rápidos. El visado sería necesario si está en el país más de 90 días acreditando un certificado de antecedentes penales. Si no se obtiene en los 30 días, pasados los 90 de rigor las multas pueden ser importantes y pueden llegar a los 100.000 lekes (alrededor de 1.000 €). Es importante no utilizar un DNI o pasaporte que se estravió y que fuese sustituido por uno nuevo. Todo ello supondrá ser retenido en la frontera. Cuedes encontrarse información más detallada en www.exteriores.gob./Embajadas/tirana/es.

En caso de requerirse guías de viaje en castellano (además de la presente edición), o se quiere llevar mapas de carreteras, es mejor comprarlas en alguna librería de viaje en España tales como Altaïr, Desnivel, Taschen Store, Tierra de Fuego.

▌ Cuándo ir

La temporada alta es de julio a agosto cuando las temperaturas suelen ser agradables en la montaña pero calurosas y puntualmente tórridas en la costa. Las carreteras, sobre todo las de la costa se suelen masificar, y conviene reservar los servicios. Entre mayo y junio y septiembre octubre suele ser la mejor temporada para disfrutar del país, sus paisajes y las bondades de sus gentes. Lo peor es que en esa temporada intermedia muchos servicios del litoral permanecen cerrados. La temporada baja entre noviembre y abril suele hacer frío, riguroso en las montañas con abundantes lluvias. Muchos servicios cierran (sobre todo en el litoral) aunque los precios suelen ser considerablemente más bajos y competitivos.

▌ Agencias de Viaje

Existen agencias como **Taranna**, viajes con sentido, o **Tarawatravel** (*www.tarawatravel.com/tarawa-delicatessen*) que ofrecen viajes a los países balcánicos y entre ellos Albania. La web **viajarconpaco.com** en colaboración con agencias de viaje como

Tarawatravel realiza viajes de autor (llévate la guía, llévate al autor) para pequeños grupos, esencialmente público LGTBIQ+, mujeres que viajan solas y gente *single* en general. Central de Receptivos, un referente en la selección de agencias de viaje propone **Viajes Iliria** especializada en senderismo y trekking. **Past & Present Journeys** (*www.pastandpresent.al*) realiza también viajes de todo tipo a Albania siendo un excelente especialista en los Balcanes en general: expertos en arte y cultura, arqueología, naturaleza, costa y religión.

DURANTE LA ESTANCIA

▌Llegada en avión

Albania solo tiene un aeropuerto internacional el Madre Teresa en Rinas, algo al noroeste de la capital. Las aerolíneas que vuelan directamente a Albania son Vueling y en breve Iberia, así como Wizzair/Air Malta con vuelos directos y diarios desde Barcelona y Madrid. Esta empresa de bajo coste suele tener buenas ofertas incluso de 100 € ida/vuelta sin maleta en temporada baja. Otras compañías vuelan a Tirana con escalas en sus respectivos países: Alitalia, Aegean, Air Serbia, Lufthansa, Air France, Turkish/Pegasus, Suiss, Austrian, Lot… La empresa de bajo coste Ryanair vuela desde diversas ciudades inglesas, alemanas y sobre todo italianas. La compañía nacional Air Albania tiene como principales destinos Bolonia, Verona, Pisa, Milán y Estambul.

Existe servicio de Duty Free (compras exentas de impuestos) ya que Albania no está en la UE. El impuesto estándar en Albania (IVA) es del 20 %.

- **Aeropuerto Internacional de Tirana,** Rruga Nënë Tereza 1504 (a 17 km al noroeste del centro de Tirana); telf. +355 4 238 1800; *www.tirana-airport.com*. En temporada alta una de las opciones de entrar en Albania es volando por ejemplo con Vueling hasta Corfú. Existe un ferry que entre 30 minutos y 1,30 h comunica con Saranda, al sur del país.

- **Aeropuerto de Corfú,** Ioannis Kapodistrias; telf. +30 2661 089 600; *www.cfu-airport.gr*.

▌Llegada en barco

Existen conexiones frecuentes cada vez más económicas con la posibilidad de embarcar coche desde Durrës a los puertos italianos de Ancona, Bari y Trieste. Así como desde Vlora a Corfú y Brindisi sobre todo en temporada alta. En verano, las localidades de Himara y Corfú tienen conexiones diariamente. Entre Saranda y Corfú existen enlaces diarios.

▌Teléfonos útiles

Ambulancias: 127
+355 (0) 4 222 22 35
Urgencias: 9999
Policía: 129
Policía de tráfico: 126

Farmacia 24 horas:
+355 (0) 4 222 22 41
– en Tirana:
✉ Rr. E Dibres
☎ +355 (0) 4 234 50 42;
Móvil: 06 86 066 018
– en Tirana:
✉ Blv. Zogu I
☎ +355 (0) 4 224 8899.

Hospital Americano II en Tirana:
✉ RR. E Dibres
☎ +355 (0) 42357535, (0) 42366663.
Hospital Internacional (antiguo Hygea) en Tirana:
☎ +355 (0) 4 23 90 000.
Urgencias:
☎ +355 (0) 4 23 23 000

Teléfono de Urgencias de la Embajada de España (en caso por ejemplo de accidente):
☎ +355 0 69 207 1961.

Embajada de Albania en España:

✉ C/ Lagasca, 68-1º D, 28001 Madrid

☎ 91 562 69 85

🖰 www.ambasadat. gov.al/spain/en

Embajada de España en Albania:

✉ Rruga Skënderbej, 43, 1000 Tirana

☎ +355 (0) 4 2274 960/1

🖰 emb.tirana@maec. es

Consulado de Albania en Barcelona:

✉ Elisenda Pinós, 10 08034

☎ 93 205 10 00

Consulado de Albania en Málaga:

✉ Paseo Antonio Machado, 4, 5º B

☎ 952 315 815

Transporte público desde el aeropuerto

Existe un servicio de autobús que comunica con el centro de Tirana entre las 8 h y las 23 h, cada hora, por 250 leks. El taxi suele tardar unos 30 minutos según el tráfico y la hora de llegada y el coste suele ser de unos 20 €. Se recomienda tomar taxis autorizados. A la salida de la terminal, e incluso fuera de esta junto a los hoteles, se hallan las principales agencias de alquiler de automóviles, muchas de ellas locales. Se recomienda contratar seguro a todo riesgo y avisar si se tiene pensado salir del país por lo que se paga un extra normalmente de 50 € más la carta verde que se paga en la frontera (unos 30 € en el caso de Macedonia del Norte).

Moneda

El Lek (ALL) es la moneda nacional de Albania bastante apreciada en la actualidad (algo más de 100 leks por euro), no es moneda convertible fuera del país aunque en las fronteras terrestres se puede cambiar con comisión por monedas vecinas como el dinar macedonio. El euro es normalmente aceptado en las zonas turísticas y grandes establecimientos hoteleros. Es conveniente tener billetes de pequeña denominación. Existen billetes de 200, 500, 1.000 y 5.000 leks. Monedas de 5, 10, 20,50 y 100 leks. En las zonas turísticas existen oficinas de cambio además de bancos, las comisiones suelen ser muy bajas y el tipo de cambio aceptable. El coste de la vida es sensiblemente más económico que en España, sobre todo en las zonas no turísticas; las turísticas se suelen aprovechar de la demanda para subir precios. Los hoteles según el estándar español suelen ser comparativamente igual o más caros. Los restaurantes son más económicos que en España incluso en las zonas turísticas. Los alquileres de coches son más económicos, no así el combustible considerablemente más caro que por ejemplo en su vecino Kosovo. Las tarjetas de crédito son normalmente aceptadas y en alguna ocasión se puede pagar directamente en euros y evitar la comisión de cambio de moneda. Todas las ciudades y núcleos de población importantes tienen cajeros automáticos, la comisión no suele ser importante exceptuando la que cobren en su banco por cambio de moneda extranjera. Más información: *www.bankofalbania.org*.

Hora oficial

El huso horario de Albania coincide con el de España (Huso horario de Europa Central GMT+1), eso sí, debido a su posición geográfica hacia oriente la hora solar varía una hora amaneciendo y anocheciendo más temprano. Esto es muy perceptible especialmente en invierno. El cambio horario coincide en fechas con el cambio horario en España. En lugares cercanos a Grecia (cerca de Saranda, Korça o el lago Prespa) puede ser que el terminal del móvil le juegue una mala pasada y adelante una hora.

Los restaurantes, cafés y bares suelen abrir de 7 h a 22 h; las tiendas de 9 h a 13 h y de 16 h a 20 h; los bancos de abril a septiembre de 7 h a 14 h (de lunes a sábados), el resto del año de 7.30 h a 14.30 h (de lunes a sábados); Correos entre las 8 h y las 17 h.

▌Taxis

Los taxis y sobre todo los denominados "furgón" o minibuses privados o especie de taxis compartidos son una forma económica para recorrer el país. Las tarifas se acuerdan con el conductor y se sale cuando más o menos se llena el vehículo.

▌Autobuses

Existen en todas las ciudades y conectan los principales puntos del país. Son económicos pero normalmente lentos ya que paran en numerosos puntos. Las estaciones de autobuses pueden estar en el centro como en el caso de Berat y Korça o en el norte o/y sur de la ciudad en el caso de ciudades grandes como Tirana o Skhodra.

▌Conducción

Albania es un país complicado para la conducción con ciudades como la capital, Durrës y Vlora muy colapsadas de tráfico en las que es normal la conducción a la defensiva y con claxon. Las autovías suelen ser peligrosas por la velocidad de los vehículos que muchas veces no respetan las normas de circulación y por la incorporación inesperada de vehículos que salen de los laterales. No es recomendable conducir de noche. Las carreteras en los últimos años han mejorado sensiblemente, sobre todo las que van a los Alpes (estrechas pero mejor asfaltadas) y las de la costa.

▌Sanidad

En mayo de 2023 la OMS dio por finalizada la emergencia de la epidemia Covid-19; de todos modos siempre es recomendable el uso de mascarillas en espacios públicos con concentración de personas, así como en transportes públicos. Es obligatorio un seguro sanitario ya que las prestaciones de la Seguridad Social española (Tarjeta Sanitaria Europea) no operan

▌Alquiler de vehículos

BSP AUTO
- ☎ 0143 462 074
- 🌐 www.bsp-auto.com
- 🕐 24 h

EUROCAR
- ✉ Rruga Ibrahim Rugova , 29
- ☎ +355 44 505 544
- 🌐 eurocar.al
- 🕐 Todos los días de 8 h a 21 h

ECOVOLIS
- 🌐 www.facebook. com/ecovolis
- 🕐 Todos los días de 8 h a 21 h

Otras compañías:
Rentacar, ABBYCAR, ACE, AutoUnion, Final rentals, Surprice…

Webs generalistas:
- 🌐 www.rentacars. com
- 🌐 www.carjet.com

El **seguro a todo riesgo** conviene contratarlo directamente con la compañía de vehículos elegida.

▌ Fiestas

1 de enero
Año Nuevo
22 de marzo
Sultán Navruz
Marzo-Abril
Pascua católica y Pascua ortodoxa
1 de Mayo
Día del Trabajo
Mayo-Junio
Lunes de Pentecostés
Mayo-Junio
Eit al Fitr o Nacimiento del Mahoma
Julio-Agosto
Eit al Kebir o Fiesta del Sacrificio
5 de septiembre
Fiesta de la Madre Teresa
1 de noviembre
Todos los Santos
28 de noviembre
Día de la Independencia.
29 de noviembre
Día de la Liberación.
8 de diciembre
Fiesta de la Juventud
25 de diciembre
Navidad

en Albania. Los gastos derivados de hospitalización y repatriación no están por tanto cubiertos. IATI es una compañía seria y solvente a nivel de seguros internacionales. No existe exigencia de vacunas. Los centros hospitalarios en Albania están más concentrados en las principales localidades y suelen tener una calidad inferior a la que hay en España, excepto hospitales privados. En general se recomienda no beber agua directamente del grifo. Es normal fumar en lugares públicos, aunque a veces esté prohibido. Más información en: *www.shendetesia.gov.al*.

▌ Electricidad
Se utilizan los mismos enchufes (tipo C) así como la misma potencia que en España 220 voltios/50 Hz. Se usa el sistema métrico decimal como en España.

▌ Teléfonos
Para llamar a Albania se ha de poner el prefijo +355 y luego el prefijo de la localidad sin necesidad de incluir el 0. Desde Albania hay que marcar el 00 y el prefijo del país en el caso de España el +34. Es muy importante desactivar el *roaming* o itinerancia de datos si no se quiere tener un buen susto en la factura. Con tener teléfono en modo avión es fácil conectarse en cafés, restaurantes y alojamientos por la red wifi. Se puede adquirir una SIM de prepago que es económica.

▌ Idioma
La lengua oficial de Albania es el albanés con sus variantes tosca y guega que un no conocedor del idioma no apreciará. Es habitual el uso del inglés (sobre todo en la población más joven). El italiano es ampliamente entendido por lo que puede ser el idioma vehicular cuando no se domine el inglés. El albanés suele ser una persona muy comunicativa por lo que no habrá problemas en ese sentido. En la mitad sur alrededor de Saranda y Korça el griego suele estar muy extendido como otros idiomas más minoritarios como el arumano.

▌ Colectivo LGTBIQ+
La homosexualidad no es ilegal desde 1995 y la Constitución de 1998 así lo contempla con estándares de leyes similares a los de la UE. Si bien Albania registra niveles bajos de aceptación social del colectivo LGTBIQ+, en principio se puede viajar a Albania siguiendo las precauciones habituales de cualquier viajero/a. En 2012 se celebró el primer *Gay Pride,* en general no muy bien acogido por la

población; desde entonces se celebra con desfile multitudinario aunque no hay lugares propiamente para el colectivo y mejor llevarse por la intuición. En ese aspecto tiene más ambiente Pristina. Se trata de una sociedad mediterránea machista con influencia creciente de la religión y el tema sigue siendo tabú. Es habitual el contacto físico de los hombres que se cogen del brazo o se besan, pero forma parte de la tradición del país que no debe confundirse con un tema homosexual.

No obstante, sobre todo en áreas menos desarrolladas del país, la persistencia aún de prejuicios respecto a la homosexualidad hace que las demostraciones públicas de afecto en este sentido no cuenten con demasiada aceptación social. Más información en: *www.cromosomax.com/guia-gay-de-albania-para-personas-lgtb* y *www.quiiky.com.*

▍ Fiestas religiosas

A parte las fiestas relacionadas con el Catolicismo y el Islam, Albania celebra otras fiestas relacionadas con la tradición islámica bektashi, como es el caso de la Fiesta de Nevruz, o Año Nuevo Persa y llegada de la primavera según esta religión de carácter zoroástrico. Entre el 18 y 25 de agosto se llevan a cabo las peregrinaciones al Monte Tomorr, dónde está el primer imán de los chiís venerado por el culto bektashi: Baba Abaz Ali.

▍ Otras celebraciones

Fiesta del Verano
Elbasan mitad de marzo
Carnaval
Korça principio de junio
Festival de Jazz
En Tirana, Apolonia, Pogradec, primera semana de septiembre
Fiesta de la cerveza
Korça, en la tercera semana de agosto
Peza N*Fest
Peza a final de agosto
Albania Dance Meeting
www.dancealbfest.com
Festival Folclórico
Gjirokastra, www.kultura.gov.al
Festival de cine de Tirana (TIFF)
www.tiranafilmfest.com
Festival Internacional de Teatro
Butrinto, www.butrinti2000.com

Diccionario

España	Albania	España	Albania
Saludos y palabras de cortesía			
Adiós	Mirupafshim	Buenos días	Përshëndetje
Buenas noches	Natën e mirë	Buenas tardes	Mirëmbrëma
¿Cómo estás?	Si Jeni?	¿Cómo te llamas?	Si quhesh?
Gracias	Falimenderit	Estoy bien, gracias	Mirë, falimenderit
¡Hola!	Ç´Kemi/ tjeta	Me llamo...	Unë quhem...
¿Habla inglés?	A flisni anglist	¡No hablo albanés!	Unë nuk flash shqip
No entiendo	Nu Kuptoj	Por favor	të lutem
Perdón	Me falni	¡Salud!	Gëzuar!
Quiero ir a…	Dua të shkok në…	Si/no	Po/jo
Preguntas			
¿Cual?	i cilli?	¿Cuándo?	kur?
¿Cuánto?	sa?	¿Dónde?	ku?
¿Por qué?	pse?	¿Quén?	kush?
Orientación			
¿Dónde está?	Ku ësthë?	¿Cómo se va a?	Si mund te shkoj?
Izquierda	Majtas	Derecha	Djathtas
Norte	Veri	Sur	Lindje
Oeste	Perëndim	Centro de la ciudad	Qëndra e qytetit
Hospital	Spital	Banco	Bankë
Aseos	Nevojtorija		
Cifras y números			
Uno	Një	Dos	Dy
Tres	Tre	Cuatro	Katër
Cinco	Pesë	Seis	Gjasthtë
Siete	Shtatë	Ocho	Tetë
Nueve	Nëntë	Diez	Djetë
Veinte	Njëzet	Treinta	Tridhjetë
Cuarenta	Dyzetë	Cincuenta	Pesadhjetë
Cien	Qind	Doscientos	Dy quind
Trescientos	Tre quind	Cuatrocientos	Katërqind
Quinientos	Pesëqind	Mil	Mijë
Cocina / restaurante			
Queso seco	Gjizë	gambas	Karkalec
dorada	Kocë	merluza	Merluc
mejillones	Midhje	anguilas	Ngjale
caldo con carne y/o arroz	Paçë	costillas de cordero	Paidhaque
sandwich griego	Sufllaqë (ou gjiro)	aceitunas	ullinj
agua	ujë	Té	Çaj
Café	Kafe	Cerveza	Birrë
Vino	Verë	Pan	Bukë
Carne	Mish	Buey / vaca	Mish lope
Cerdo	Mish derri	Cordero	Mish qengji
Pescado	Peshk	Huevos	Vezët
Tortilla	Omëletë	Patatas	Patate
Verduras	Perime	Frutas	Fruta
Marisco	Ushquim deti	¡La cuenta, por favor!	Facturë, ju lutem
Precio	çmimi		

Índice de lugares

PLANOS